法/学/新/知/文/库

股权纠纷
案例 应用解析

邢振荣 主编

四川大学出版社
SICHUAN UNIVERSITY PRESS

图书在版编目（CIP）数据

股权纠纷案例应用解析 / 邢振荣主编. -- 成都：四川大学出版社，2025.4. -- （法学新知文库）. ISBN 978-7-5690-7058-3

Ⅰ. D922.291.915

中国国家版本馆CIP数据核字第20241MB945号

书　　名：股权纠纷案例应用解析
　　　　　Guquan Jiufen Anli Yingyong Jiexi
主　　编：邢振荣
丛　书　名：法学新知文库

丛书策划：王　冰
选题策划：蒋姗姗
责任编辑：蒋姗姗
责任校对：阎高阳
装帧设计：墨创文化
责任印制：李金兰

出版发行：四川大学出版社有限责任公司
　　　　　地址：成都市一环路南一段24号（610065）
　　　　　电话：（028）85408311（发行部）、85400276（总编室）
　　　　　电子邮箱：scupress@vip.163.com
　　　　　网址：https://press.scu.edu.cn
印前制作：四川胜翔数码印务设计有限公司
印刷装订：四川五洲彩印有限责任公司

成品尺寸：170 mm×240 mm
印　　张：13
字　　数：246千字

版　　次：2025年4月 第1版
印　　次：2025年4月 第1次印刷
定　　价：68.00元

本社图书如有印装质量问题，请联系发行部调换

版权所有 ◆ 侵权必究

扫码获取数字资源

四川大学出版社
微信公众号

序

公元 1600 年和 1602 年，英国东印度公司与荷兰东印度公司先后成立，二者被视作现代公司的起源。自此，公司作为现代社会重要的组织形式，在创造财富、推动科技进步、提供就业、促进国际合作交流等方面发挥着重要作用，逐渐成为社会财富的主要创造者和推动社会发展的主要角色。

在我国，公司主要分为股份有限公司与有限责任公司，有限责任公司因其设立限制较少、组织灵活，是市场中最常见、数量最多的经济主体。截至 2023 年 12 月底，我国注册公司约为 5800 万户。根据全国经济普查领导小组办公室发布的数据，有限责任公司约占我国公司总数的 92.2%，前者兼具人合性与资合性，其性质介于股份有限公司与合伙企业，资金的联合与股东间的信任是有限责任公司不可或缺的信用基础，该种人合性也使有限责任公司具有比股份有限公司更强的封闭性。有限责任公司的股份转让具有一定限制，也因这种封闭性，实践中的各类公司纠纷多源自有限责任公司的各种特性。

《中华人民共和国公司法》（以下简称《公司法》）施行于 1994 年，至今已历经多次修正。《公司法》颁布实施 30 年来，对于建立健全现代企业制度，促进社会主义市场经济持续健康发展，发挥了重要作用。随着经济快速发展，现行公司法律制度也产生了一些与改革和发展不适应、不协调的问题。值得庆贺的是，新修订的《公司法》已由第十四届全国人民代表大会常务委员会第七次会议于 2023 年 12 月 29 日修订通过，自 2024 年 7 月 1 日起施行。

近年来，公司类纠纷总体呈现出公司内部治理纠纷为主、外部侵权纠纷为次的特点。截至 2023 年 7 月，中国裁判文书公开网刊载的 2022 年度"与公司有关的纠纷"的民事判决书共计 16 533 篇。其中，案由数量占比靠前的依次是股权转让纠纷（34.13%）、股东损害公司债权人利益责任纠纷（12.57%）、股东知情权纠纷（7.20%）、股东资格确认纠纷（6.25%）、股东出资纠纷（5.68%）、清算责任解散纠纷（4.50%）。

《股权纠纷案例应用解析》以公司类纠纷的各项案由为脉络，选取典型案例进行分析，旨在于法律实操与司法审判实践两方面，为企业提供规避内外经营风险的路径，为青年律师提供应对公司类诉讼的基本思路。所以，笔者在此推荐广大初级法律工作者、中小企业主以及法律爱好者阅读此书，并期望您能对本书提出修改或优化意见，以期再版时改进。

梁慧

2024 年 7 月 1 日

前　言

党的二十大报告明确提出："完善中国特色现代企业制度，弘扬企业家精神，加快建设世界一流企业。"公司是市场主体中最为主要、最为活跃的部分，公司的治理是否合法规范，直接影响着世界一流企业建设目标的实现。在《公司法》不断修订、现代企业制度基本框架不断完善的当下，公司不仅要把法律文本转化为公司治理的基本规则，促进公司治理现代化，更要充分运用法律规则维护自身合法利益，提升依法治理的思维。这就要求企业管理人员通过法律文本解读熟悉法律条文，探索法条背后蕴含的价值取向，深入把握法官的裁判思路，更为精准地理解和把握公司治理制度的本质内核。

法谚云，法律的生命力在于实施。这一实施不仅包含企业经营人员的公司治理实践，还包含司法审判的法律适用，律师等法律职业者的专业法律服务更不可或缺。《公司法》颁布至今，特别是在企业合规建设背景下，各界围绕公司法律制度的解读、介绍、研究的著作不胜枚举，有效帮助企业特别是中小企业构建起良好的治理体系，实现《公司法》的应然功效。与此同时，纷繁复杂的公司纠纷案件提供具体的运用场景，法律规则的语词意义得以在具体场景中清晰显现，使参与其中的当事人更为精准理解法律规则意图。这一功用受到学界的高度肯定，王泽鉴教授认为案例是学习法律最好的方法，方流芳教授则直言司法审判的法律适用将静态的《公司法》文本提升成了贴近现实、有生命力的活法。审判激活法律、显现规则，实现《公司法》的实然功效。在此过程中，律师这一从事实践工作的法律职业者的作用不可或缺。我们欣喜地发现，律师不仅充分运用法律规则为当事人提供优质服务解决公司纠纷，在对抗性诉讼中抽丝剥茧，使公司规则越辩越明，法律价值越辩越清，有效助力《公司法》的推广普及。他们更是在近些年开始强化公司法的专业研究，加强对公司纠纷争议解决的经验总结，进一步维护法律的正确实施。

是以，一批有志于助益公司法律制度完善的法律职业者，经过三年的谋划、努力，形成了本书。本书依循《民事案件案由规定》"与公司有关的纠纷"

下所列举的 24 个三级案由，遴选 29 个有代表性的疑难案例，按照"案情简介—法院判决—判决理由—案例解析—律师建议—法律法规依据"的逻辑顺序深入浅出地剖析案例、阐释法理。案件类型多样、情节生动，直面公司治理中的具体问题，全景展现了法官的办案思路、律师的辩护逻辑、法条的本质内核，为律师开展公司案件的办理提供了很好的参考价值，也有益于企业管理人员完善公司治理机制，提前防范公司治理风险。

笔者也相信，在各方有志之士的共同努力下，我国的公司法律制度会越加完善，会越发深入公司治理自觉实践，一批运作规范、管理现代化的世界一流企业一定会涌现。

李 荣

2024 年 11 月 2 日

目 录
CONTENTS

宿迁市某行物流有限公司与李某挂靠经营合同纠纷上诉案　王　维 / 001

宋某三诉西安市某林餐饮有限公司案　段雅琴 / 008

何某珊、辽宁某水融资担保有限责任公司股东名册记载纠纷案　段雅琴 / 016

韦某兵诉新疆某房地产公司请求变更公司登记纠纷案　李　红 / 024

某丰公司与某羽公司、某达公司股东出资纠纷案　李　红 / 032

文某与某商贸公司股东知情权纠纷案　朱　里 / 040

某有限合伙诉某商贸公司、李某、于某兰请求公司收购股份纠纷再审案　蒋欣颖 / 046

某公司诉某财政局股权转让纠纷案　蒋欣颖 / 053

叶某与浙江青某仪表集团股份有限公司公司决议效力确认纠纷案　何　川 / 060

中世珠某（北京）科技有限公司与中世碧某（北京）科技有限公司公司决议撤销纠纷案　何　川 / 065

张某、孟某、马某公司设立纠纷案 邢振荣 / 070

龙岩市蓝某水电有限公司诉苏某滨公司证照返还纠纷案 李应伟 / 076

林某诉宁波百某长文化传播有限公司、李某发起人责任纠纷案 李白金 / 081

甘肃坤某金矿业开发集团有限公司与百某商务东升庙有限责任公司盈余分配纠纷案 梁永琪 / 086

四川省业某运输有限公司、宜宾市某城业某有限公司损害股东利益责任纠纷案 李白金 / 095

周某春与某中国投资有限公司、李某慰、彭某傑及第三人湖南某公司损害公司利益责任纠纷案 杨志元 / 103

某担保公司诉某资产管理公司等公司债权人利益责任纠纷案 万予卓 / 109

李某诉储其源损害公司债权人利益责任纠纷案 王 维 / 117

甘肃中某华能车辆有限公司诉周某、高某迎、毛某光关联交易损害赔偿纠纷案 张邈 / 122

某建公司与甘丰公司公司合并纠纷案 袁益露 / 129

梧州市某达房地产开发有限公司与广西梧州市富能某城房地产发展有限公司公司分立纠纷案 梁永琪 / 133

某百医药有限公司减资纠纷案 吴银萍 / 139

四川四某建设有限公司增资纠纷案 王志刚 / 146

某莱公司解散纠纷案 王志刚 / 154

鎏某公司与刘某园、施某西、张某涛、宝某公司、劳某公司清算责任纠纷案
　　张　邈 / 161

海南某某有限公司诉特某某有限公司返还财产纠纷案　张　弛 / 168

东某某司破产管理人诉东某某司与陈某某行为无效纠纷案　张　弛 / 176

张某甲与峨眉山市某行不锈钢构技术开发有限公司执行异议之诉纠纷案　饶全标 / 185

某丰资产管理有限公司与某丰资产控股股份有限公司、文某琼、高某志、朱某华等人追收抽逃出资纠纷案　杨　婷 / 190

案由 挂靠经营合同纠纷

宿迁市某行物流有限公司与
李某挂靠经营合同纠纷上诉案

王 维[*]

一、案情简介

李某从某民公司按揭购买一辆货车,总价款为26.5万元。合同签订前,李某向某民公司交付3万元购车定金。合同签订后,李某又将约定的剩余首付款11.057万元交付给某民公司。某民公司在收到李某交付的14.057万元首付款后将货车交付给李某,同时又与某行物流有限公司(以下简称"某行公司")签订了挂靠协议。剩余18.55万元,由李某向沭阳农商行申请汽车按揭贷款。因该货车购销流程不符合沭阳农商行汽车按揭贷款条件,沭阳农商行没有批准李某的贷款申请。后某民公司向李某索要剩余购车款未果,某行公司遂扣留了李某营运所需的营运证、行驶证和二级维护贴标等证件,致使李某停运。争议发生后在经协商未能达成一致的情况下,李某向法院提起诉讼,请求解除与某行公司之间的挂靠关系,并要求某行公司协助李某办理货车的过户手续。

某行公司辩称:不同意解除挂靠关系。在挂靠合同中某行公司并无任何违约行为,车辆相关证件被某民公司扣押,是因为李某欠某民公司购车款。李某欠款导致证件被扣押,同样给某行公司造成损失,请求驳回李某的诉讼请求。

法院查明,上述货车为李某实际所有,现登记在某行公司名下。现货车被

---

[*] 王维(1981年6月—),女,四川精伦律师事务所专职律师,现任广安思源农村商业银行股份有限公司外部监事,雅安天全农村商业银行股份有限公司外部监事,曾获第一届四川省律师"十佳辩护词"。

抵押登记，抵押权人是沭阳农商行。该抵押登记是李某向沭阳农商行申请汽车按揭贷款时所做。

二、法院判决

争议焦点：一、李某与某行公司之间签订的挂靠协议是否有效；二、如有效，李某要求解除挂靠协议的主张是否成立。

一审法院判决：一、解除李某与某行公司之间的挂靠协议；二、某行公司于判决生效之日起三日内协助李某办理货车的过户手续。

二审判决结果：驳回上诉，维持原判决。

三、判决理由

一审法院认为：李某与某行公司之间的挂靠协议没有违反法律、行政法规的强制性规定，合法有效，对双方当事人均具有法律约束力。根据协议约定，某行公司应当为李某提供车辆年检、过户、二级维护、补证等服务，以便李某正常营运。现某行公司扣留李某营运所需的营运证、行驶证和二级维护标贴等证件的行为已经构成违约，且其行为已经导致李某正常营运的合同目的无法实现，故李某有权要求解除双方之间的挂靠协议。货车虽然登记在某行公司名下，但实际为李某所有。在挂靠协议解除后，某行公司应当将货车恢复登记到李某名下。综上，李某的诉讼请求有事实和法律依据，法院予以支持。据此，一审法院判决：一、解除李某与某行公司之间的挂靠协议；二、某行公司于判决生效之日起三日内协助李某办理货车的过户手续。

某行公司不服提起上诉称：一、双方协议约定的挂靠期未届满，上诉人无违约行为，被上诉人不享有合同解除权；二、涉案车辆所有权存在争议，尚在法院处理期间，被上诉人的所有权人身份尚未得到法院生效文书确定。若二审法院认定某民公司享有所有权，则上诉人不应协助被上诉人办理过户手续，而应协助某民公司办理过户手续。因此，请求二审撤销原审判决，改判不予解除挂靠经营合同关系。

被上诉人李某答辩称：请求维持原判，解除双方之间的挂靠合同。

二审的争议焦点为：被上诉人李某要求解除与某行公司之间的挂靠合同的理由是否成立。

二审法院认为：双方签订《挂靠协议书》的目的系为使车辆具备营运资

格，投入运营以便获取收益。且《挂靠协议书》明确约定，某行公司应当为李某提供车辆年检、过户、二级维护、补证等服务。而某行公司却扣留李某营运所需的营运证、行驶证和二级维护标贴等证件，显然已构成违约，且某行公司的违约行为已致李某正常营运的合同目的无法实现，故对李某诉请的解除挂靠合同的请求应予支持，对某行公司的其不存在违约行为的上诉理由，不予采纳。

关于某行公司是否应当协助李某办理过户手续的问题，因与某行公司签订《挂靠协议书》的合同相对人为李某，涉案车辆系以李某为所有权人挂靠在某行公司名下，故依合同相对性原则，某行公司应当协助李某办理过户手续。至于李某与某民公司之间就车辆所有权是否存在争议，与某行公司无关。

二审判决结果：驳回上诉，维持原判决。

四、案例解析

本案系典型的营运货车挂靠货运公司经营的案例。鉴于此类货物运输车辆、出租车、驾校的教练车等，因相关业务的特许经营权只能发放给法人或非法人组织，不得以个人名义从事相关行业，所以在实践中，就形成了如下经营现状：个人购买车辆，车辆所有权归个人，再与有经营许可证的公司以各种方式实行挂靠经营，个人对经营活动承担独立责任并承受经营后果，公司收取管理费，提供资质，负责办理营运所需的证件，承担适度的风险管控，但不实际参与经营活动。对于这类挂靠经营案件中的法律问题进行如下梳理。

（一）挂靠合同效力如何认定

国务院办公厅、交通运输部等部门多次发文要求清理、制止挂靠车辆，且交通运输部《道路旅客运输及客运站管理规定》第五条规定："国家实行道路客运企业质量信誉考核制度，鼓励道路客运经营者实行规模化、集约化、公司化经营，禁止挂靠经营。"若就此认定行政法规已明确禁止车辆挂靠经营，车辆挂靠经营有"扰乱社会经济秩序、损害公共利益"的行为，因此认定挂靠合同无效，可能导致行业混乱，冲击现有市场。

从法律效力上分析，上述规定属于部门规章。挂靠管理是一种市场准入模式，各类规章也只是一种管理性规定。若双方签订的挂靠合同系双方真实意思的表示，应依据合同的基础法律关系，即《中华人民共和国民法典》（以下简称《民法典》）第一百五十三条第一款规定："违反法律、行政法规的强制性规定的民事法律行为无效。但是，该强制规定不导致该民事法律行为无效的除外。"此款规定的适用条件一是违反"法律或行政法规"；二是违反"强制性规定"；三是"强制性规定为效力性规定而非管理性规定"。挂靠合同就其内容来看，并没有违反强制性规定，对于仅违反管理性规范的行为，不宜认定挂靠合同为无效合同。

从司法实践中的判例来看，在市场经济大环境下，运输车辆挂靠经营在行业中非常普遍，已经变成了一种盈利模式，有其发展与生存的空间。对机动车辆挂靠经营合同，最高人民法院、各地法院一般是作为有效合同来审理和判决的。例如，广东省高级人民法院民二庭《关于民商事审判实践中有关疑难法律问题的解答意见》第五条第三款关于"道路交通运输车辆挂靠经营合同的效力认定"问题，是这样解答的："在案件实际处理中，因有关禁止运输车辆挂靠经营的规定主要见于行政规章，现行法律法规并没有明文规定禁止运输车辆挂靠经营，并不属于《中华人民共和国合同法》（以下简称《合同法》，已失效）第五十二条规定的合同无效的情形，同时考虑到运输车辆挂靠经营在目前是普遍存在的现实情况，如果认定运输车辆挂靠经营合同无效，将会产生很多无法解决的问题，倾向于认定合同有效。"所以，各地法院判决是对挂靠双方真实意思的尊重，也有利于在道路交通事故中对受害人利益的保护。

（二）车辆挂靠运输公司经营如何确定责任主体

《民法典》第一千二百一十一条规定："以挂靠形式从事道路运输经营活动的机动车，发生交通事故造成损害，属于该机动车一方责任的，由挂靠人和被挂靠人承担连带责任。"这属于我国《民法典》对车辆挂靠的新规则，有利于保障第三方权益。但就双方内部责任而言，被挂靠人一般会利用自身行业准入的优势地位，签订挂靠合同明确约定被挂靠人对外承担责任后有权向挂靠人主张损失的追偿权，降低运营风险和责任。由此可见，《民法典》并未排除被挂靠人的追偿权，根据"法无禁止即自由"的原则，挂靠合同中的追偿权约定，只要系挂靠人真实意思表示，应属合法有效。

（三）个人挂靠其他单位对外经营的，其聘用的人员因工伤亡的责任承担

挂靠人聘请的人员与被挂靠单位是否形成事实劳动关系，是由挂靠人承担人身损害责任，还是被挂靠单位承担工伤保险责任？

根据《最高人民法院关于车辆实际所有人聘用的司机与挂靠单位之间是否

形成事实劳动关系的答复》(〔2013〕民一他字第 16 号):"个人购买的车辆挂靠其他单位且以挂靠单位的名义对外经营的,根据 2008 年 1 月 1 日起实施的劳动合同法规定的精神,其聘用的司机与挂靠单位之间不具备劳动关系的基本特征,不宜认定其形成了事实劳动关系。"那么是否因为车辆实际所有人聘用的司机与挂靠单位不能形成事实劳动关系,被挂靠单位就不是工伤保险责任的承受单位呢?答案是否定的。《最高人民法院关于审理工伤保险行政案件适用法律若干问题的规定》第三条第五款规定:"个人挂靠其他单位对外经营,其聘用的人员因工伤亡的,被挂靠单位为承担工伤保险责任的单位。"这里明确了承担工伤保险责任的单位承担赔偿责任,或者社会保险经办机构从工伤保险基金支付工伤保险待遇后,有权向相关组织、单位和个人追偿。根据上述规定,在发生聘用人员伤亡的情况下,聘用人员与挂靠单位不是劳动关系或事实劳动关系,但因个人不是工伤保险责任的主体,承担工伤保险责任并不以存在劳动关系或事实劳动关系为前提,被挂靠单位应承担工伤保险责任后向挂靠人追偿。由此可见,我国的工伤保险制度,无论是在立法上的制度设计,还是在行政上的具体执法,抑或在司法上的考量裁判,都秉持着倾斜保护劳动者的理念。这无疑加大被挂靠人的赔偿责任,也表达了对挂靠经营的限制态度。

五、律师建议

"挂靠"本不是一个规范的法律术语,挂靠经营,作为普遍发生的经济活动,其内涵、外延至今尚未得到法律规范的界定。虽未有正式的立法定义,但事实上,挂靠经营已经成为一个约定俗成的法律术语。实践中,挂靠经营集中在建筑行业、交通运输行业以及部分特许经营行业。一是这些产业具有较高的投资准入门槛。例如,货运车辆挂靠就是未取得国家道路运输经营资质的个体(挂靠人)为合法从事运输经营活动,将货运车辆登记在有运输经营资质的单位(被挂靠人)名下,并由被挂靠方为挂靠车辆办理营运证件,挂靠人需向被挂靠人支付管理费用的挂靠经营行为。还有挂靠建筑施工行业,招标时要求较为严格的资质门类与施工资质等级。二是需政府授予特许经营权利或取得行政前置许可,以水、电、气、石油行业等公共事业为代表。三是对经营主体资格予以限制,排除自然人从业经营,以交通运输业、医院等为代表。

我国《民法典》虽对车辆挂靠外部责任作出了明确规定,但对挂靠行为本身的合法性、挂靠经营内部责任,以及对外承担连带责任后的追偿制度尚无定论。《民法典》规定的前述挂靠情形能否适用于其他行业,应按照各行业禁止性规定属于管理性强制性规范、行业准入性还是效力性强制性规定，来判断挂靠合同是否有效。总体而言，我国不鼓励挂靠经营的行为，挂靠经营一直处在法律边缘"打擦边球"的尴尬状态。但考虑到传统市场行为不能以一刀切的方式予以扰乱，所以，应当允许部分确有必要并具备可操作性的挂靠经营行业存在。但被挂靠人以资质作为交换，通过挂靠合同的约定不承担经营风险，不符合商事行为权责一致的原则，所以要提高被挂靠人对挂靠行为的责任预期和注意程度，被挂靠人在与挂靠人签订挂靠合同时也应明确约定各民事侵权责任、行政责任、追偿权等。

六、法律法规依据

1.《民法典》第一百五十三条 违反法律、行政法规的强制性规定的民事法律行为无效。但是，该强制性规定不导致该民事法律行为无效的除外。违背公序良俗的民事法律行为无效。

2.《民法典》第一百五十四条 行为人与相对人恶意串通，损害他人合法权益的民事法律行为无效。

3.《民法典》第一千二百二十一条 以挂靠形式从事道路运输经营活动的机动车，发生交通事故造成损害，属于该机动车一方责任的，由挂靠人和被挂靠人承担连带责任。

4.《最高人民法院关于审理工伤保险行政案件若干问题的规定》第三条 社会保险行政部门认定下列单位为承担工伤保险责任单位的，人民法院应予支持：（五）个人挂靠其他单位对外经营，其聘用的人员因工伤亡的，被挂靠单位为承担工伤保险责任的单位。前款第（五）项明确的承担工伤保险责任的单位承担赔偿责任或者社会保险经办机构从工伤保险基金支付工伤保险待遇后，有权向相关组织、单位和个人追偿。

5.《最高人民法院行政审判庭关于车辆挂靠其他单位经营车辆实际所有人聘用的司机工作中伤亡能否认定为工伤问题的答复》（〔2006〕行他字第17号）（2007年12月3日）（已失效）

安徽省高级人民法院：

你院〔2006〕皖行他字第0004号《关于车辆挂靠其他单位经营车辆实际所有人聘用的司机工作中伤亡能否认定为工伤问题的请示》收悉。经研究，答复如下：

个人购买的车辆挂靠其他单位且以挂靠单位的名义对外经营的，其聘用的司机与挂靠单位之间形成了事实劳动关系，在车辆运营中伤亡的，应当适用《劳动法》和《工伤保险条例》的有关规定认定是否构成工伤。

6.《最高人民法院关于车辆实际所有人聘用的司机与挂靠单位之间是否形成事实劳动关系的答复》（〔2013〕民一他字第 16 号）

安徽省高级人民法院：

你院〔2013〕皖民一他字第 00011 号《关于车辆实际所有人聘用的司机与挂靠单位之间是否形成事实劳动关系的请示》收悉。经研究，答复如下：

个人购买的车辆挂靠其他单位且以挂靠单位的名义对外经营的，根据 2008 年 1 月 1 日起实施的《劳动合同法》规定的精神，其聘用的司机与挂靠单位之间不具备劳动关系的基本特征，不宜认定其形成了事实劳动关系。

7. 最高人民法院《关于审理道路交通事故损害赔偿案件适用法律若干问题的解释》（2020 修正）第三条 套牌机动车发生交通事故造成损害，属于该机动车一方责任，当事人请求由套牌机动车的所有人或者管理人承担赔偿责任的，人民法院应予支持；被套牌机动车所有人或者管理人同意套牌的，应当与套牌机动车的所有人或者管理人承担连带责任。

案由 股东资格确认纠纷

宋某三诉西安市某林餐饮有限公司案

段雅琴[*]

一、案情简介

西安市某林餐饮有限责任公司（以下简称"某林公司"）成立于1990年4月5日。2004年5月，某林公司由国有企业改制为有限责任公司，宋某三系某林公司员工，出资2万元成为某林公司的自然人股东。某林公司章程第三章"注册资本和股份"第十四条规定："公司股权不向公司以外的任何团体和个人出售、转让。公司改制一年后，经董事会批准后可在公司内部赠予、转让和继承。持股人死亡或退休经董事会批准后方可继承、转让或由企业收购，持股人若辞职、调离或被辞退、解除劳动合同的，人走股留，所持股份由企业收购。"章程第十三章"股东认为需要规定的其他事项"第六十六条规定："本章程由全体股东共同认可，自公司设立之日起生效。"该公司章程经某林公司全体股东签名通过。

2006年6月3日，宋某三向公司提出解除劳动合同，并申请退出其所持有的公司的2万元股份。2006年8月28日，经某林公司法定代表人赵某同意，宋某三领到退出股金款2万元整。2007年1月8日，某林公司召开2006年度股东大会，大会应到股东107人，实到股东104人，代表股权占公司股份

---

[*] 段雅琴（1998年9月— ），女，四川精伦律师事务所专职律师，曾在法院执行局参与案件办理，并多次参与法律援助中心各项法律援助活动。

总数的93%，会议审议通过了宋某三、王某、杭某三位股东退股的申请并决议"其股金暂由公司收购保管，不得参与红利分配"。后宋某三以某林公司的回购行为违反法律规定，未履行法定程序且公司法规定股东不得抽逃出资等，请求依法确认其具有某林公司的股东资格。

二、法院判决

西安市碑林区人民法院于2014年6月10日作出××号民事判决，判令：驳回原告宋某三要求确认其具有被告某林公司股东资格之诉讼请求。一审宣判后，宋某三提出上诉。西安市中级人民法院于2014年10月10日作出了××号民事判决书，驳回上诉，维持原判。终审宣判后，宋某三仍不服，向陕西省高级人民法院申请再审。陕西省高级人民法院于2015年3月25日作出××号民事裁定，驳回宋某三的再审申请。

三、判决理由

通过听取再审申请人宋某三的再审申请理由及被申请人某林公司的答辩意见，本案的焦点问题如下：

1. 某林公司的公司章程中关于"人走股留"的规定，是否违反了《中华人民共和国公司法》（以下简称《公司法》）的禁止性规定，该章程是否有效；

2. 某林公司回购宋某三股权是否违反《公司法》的相关规定，某林公司是否构成抽逃出资。

针对第一个焦点问题，首先，某林公司章程第十四条规定："公司股权不向公司以外的任何团体和个人出售、转让。公司改制一年后，经董事会批准后可在公司内部赠与、转让和继承。持股人死亡或退休经董事会批准后方可继承、转让或由企业收购，持股人若辞职、调离或被辞退、解除劳动合同的，人走股留，所持股份由企业收购。"依照《公司法》（2013年修订，本案例下同）第二十五条第二款"股东应当在公司章程上签名、盖章"的规定，有限责任公司章程系公司设立时全体股东一致同意并对公司及全体股东产生约束力的规则性文件，宋某三在公司章程上签名的行为，应视为其对前述规定的认可和同意，该章程对某林公司及宋某三均产生约束力。其次，基于有限责任公司封闭性和人合性的特点，由公司章程对公司股东转让股权作出某些限制性规定，系公司自治的体现。在本案中，某林公司进行企业改制时，宋某三之所以成为某林公司的股东，其原因在于宋某三与某林公司具有劳动合同关系，如果宋某三与某林公司没有建立劳动关系，宋某三则没有成为某林公司股东的可能性。同理，某林公司章程将是否与公司具有劳动合同关系作为取得股东身份的依据继而作出"人走股留"的规定，符合有限责任公司封闭性和人合性的特点，亦系公司自治原则的体现，不违反公司法的禁止性规定。再次，某林公司章程第十四条关于股权转让的规定，属于对股东转让股权的限制性规定而非禁止性规定，宋某三依法转让股权的权利没有被公司章程所禁止，某林公司章程不存在侵害宋某三股权转让权利的情形。

综上，本案一、二审法院均认定某林公司章程不违反《公司法》的禁止性规定，应为有效的结论正确，宋某三的这一再审申请理由不能成立。

针对第二个焦点问题，《公司法》第七十四条所规定的异议股东回购请求权，是要具有法定的行使条件，即只有在"公司连续五年不向股东分配利润，而公司该五年连续盈利，并且符合本法规定的分配利润条件的；公司合并、分立、转让主要财产的；公司章程规定的营业期限届满或者章程规定的其他解散事由出现，股东会会议通过决议修改章程使公司存续的"三种情形下，异议股东有权要求公司回购其股权，对应的是公司是否应当履行回购异议股东股权的法定义务。而本案属于某林公司是否有权基于公司章程的约定及与宋某三的合意而回购宋某三股权，对应的是某林公司是否具有回购宋某三股权的权利，二者性质不同，故《公司法》第七十四条不能适用于本案。

在本案中，宋某三于2006年6月3日向某林公司提出解除劳动合同申请，并于同日手书《退股申请》，提出"本人要求全额退股，年终盈利与亏损与我无关"，该《退股申请》应视为其真实意思表示。某林公司于2006年8月28日退还其全额股金款2万元，并于2007年1月8日召开股东大会审议通过了宋某三等三位股东的退股申请，某林公司基于宋某三的退股申请，依照公司章程的规定回购宋某三的股权，程序并无不当。另外，《公司法》所规定的抽逃出资专指公司股东抽逃其对于公司出资的行为，公司不能构成抽逃出资的主体，宋某三的这一再审申请理由不能成立。综上，裁定驳回再审申请人宋某三的再审申请。

四、案例解析

《公司法》主要规范平等主体之间的社会关系，在性质上属于特别私法，而私法主要体现为任意性规范，强调意思自治，即属于私法的相关法律在立法时坚持尽可能减少国家干预，培育和发展公民权利意识和平等观念的原则，与公法中的强行性规范形成鲜明对比。

根据《民法典》第二条的规定，民法调整平等主体的自然人、法人和非法人组织之间的人身关系和财产关系。有限责任公司属于营利法人。因此，股东和法人之间的法律关系也应当适用《民法典》的相关规定及基本原则。

依据《民法典》第五条，民事主体从事民事活动，应当遵循自愿原则，按照自己的意思设立、变更、终止民事法律关系。该条为民法的自愿原则，也称意思自治原则，指民事主体在从事民事活动时，在法律允许的范围内自由表达自己的意愿，并按照其意愿设立、变更、终止民事法律关系的原则。具体表现为民事主体有权自主决定是否参加民事活动以及如何参加民事活动；民事主体应当以平等协商的方式从事民事活动，就民事法律关系的设立、变更、终止达成合意；在法律允许的范围内民事主体有权依其意愿自主作出决定，并对其自由表达的真实意思负责，任何组织和个人不得非法干预。

本案中，某林公司系有限责任公司。有限责任公司因为规模较小、人数较少，具有封闭性和人合性的特点。在立法时，立法者为保护有限责任公司的封闭性和人合性，给予有限责任公司更大范围意思自治的界限。

依据《公司法》第七十一条对股权转让的相关规定，明确公司章程对股权转让另有规定的，从其规定。某林公司的公司章程中关于"人走股留"的规定属于对股东股权转让的限制而非禁止，体现了某林公司的意思自治，不违反法律的效力性强制性规定，应属合法有效。同时，依据《公司法》第二十五条，股东应当在公司章程上签名、盖章。某林公司公司章程第六十六条也明确规定"本章程由全体股东共同认可，逢公司设立之日起生效"，且该公司章程已经某林公司全体股东签名通过。宋某三作为完全民事行为能力人应该对自己所做的民事法律行为承担相应的民事法律责任，对自己从事的民事活动遵循诚信原则，秉持诚实，恪守承诺，正当行使民事权利并履行民事义务，应视为宋某三的签字行为是其真实意思表示，体现了对某林公司章程内容的认可。宋某三于2006年6月3日向某林公司提出解除劳动合同申请并于同日手书《退股申请》，提出"本人要求全额退股，年终盈利与亏损与我无关"，也可认为是宋某三的真实意思表示，宋某三应当对自己所做民事法律行为所造成的民事法律后果承担责任。

2006年8月28日，经某林公司法定代表人赵某同意，宋某三领到退出股金款2万元整。2007年1月8日，某林公司召开2006年度股东大会，大会应到股东107人，实到股东104人，代表股权占公司股份总数的93%，审议通过了宋某三等三位股东的退股申请，某林公司基于宋某三的退股申请，依照公司章程的规定回购宋文军的股权，符合《公司法》第一百零三条关于股东大会表决权的相关规定，程序并无不当。

综上所述，基于有限责任公司封闭性和人合性的特点、平等民事主体自愿原则的体现和法律法规的相关规定，宋某三向公司提出解除劳动合同，并申请退出其所持有的某林公司的2万元股份，某林公司向宋某三返还退出股金款并依照公司章程的规定回购宋某三的股权后，宋某三已不再是某林公司股东。人民法院的判决符合法律法规的相关规定，符合私法的精神和原则，有助于维护当事人的合法权益，有益于维护社会和经济秩序，更有利于弘扬社会主义核心价值观。

五、律师建议

公司股东除了依法享有资产收益、参与重大决策和选择管理者等权利，还应当承担包括但不限于遵守法律、行政法规和公司章程；按时足额缴纳出资，不得抽逃出资；不得滥用股东权利损害公司或者其他股东的利益；不得滥用公司法人独立地位和股东有限责任损害公司债权人的利益；等等股东义务。

作为完全民事行为能力人的股东，应当对自己所做的民事法律行为承担所有民事法律后果。因此，股东在签字时，对涉及自己权利义务的条款就应当格外注意和慎重，一旦完成签字，就视为对所有条款的认可。虽然法律对明显不符合公平原则的条款规定了救济措施，但是在强调"私权神圣"的私法领域，法律提倡意思自治，不能强迫或不当干涉当事人的意思自由。充分排除公权力的不当干预，这就需要当事人对维护自己的合法权利、不受侵犯尽到最大限度的审慎义务，以此来保障对自己所进行的民事法律行为的合理期待。

最为重要的是，当事人在实施民事法律行为时，应当秉持诚实、恪守承诺，正当行使民事权利、履行民事义务，在不损害社会、他人利益的前提下追求自己的合法权益。此才是"稳预期、利长远"的根本所在。

六、法律法规依据

1.《民法典》第二条 民法调整平等主体的自然人、法人和非法人组织之间的人身关系和财产关系。

2.《民法典》第五条 民事主体从事民事活动，应当遵循自愿原则，按照自己的意思设立、变更、终止民事法律关系。

3.《民法典》第七条　民事主体从事民事活动，应当遵循诚信原则，秉持诚实，恪守承诺。

4.《公司法》（2013 年修订）第二十五条　有限责任公司章程应当载明下列事项：

（一）公司名称和住所；

（二）公司经营范围；

（三）公司注册资本；

（四）股东的姓名或者名称；

（五）股东的出资方式、出资额和出资时间；

（六）公司的机构及其产生办法、职权、议事规则；

（七）公司法定代表人；

（八）股东会会议认为需要规定的其他事项。

股东应当在公司章程上签名、盖章。

5.《公司法》（2023 年修订）第四十六条　有限责任公司章程应当载明下列事项：

（一）公司名称和住所；

（二）公司经营范围；

（三）公司注册资本；

（四）股东的姓名或者名称；

（五）股东的出资额、出资方式和出资日期；

（六）公司的机构及其产生办法、职权、议事规则；

（七）公司法定代表人的产生、变更办法；

（八）股东会认为需要规定的其他事项。

股东应当在公司章程上签名或者盖章。

6.《公司法》（2013 年修订）第七十一条　有限责任公司的股东之间可以相互转让其全部或者部分股权。

股东向股东以外的人转让股权，应当经其他股东过半数同意。股东应就其股权转让事项书面通知其他股东征求同意，其他股东自接到书面通知之日起满三十日未答复的，视为同意转让。其他股东半数以上不同意转让的，不同意的股东应当购买该转让的股权；不购买的，视为同意转让。

经股东同意转让的股权，在同等条件下，其他股东有优先购买权。两个以上股东主张行使优先购买权的，协商确定各自的购买比例；协商不成的，按照转让时各自的出资比例行使优先购买权。

公司章程对股权转让另有规定的，从其规定。

7.《公司法》（2023年修订）第八十四条 有限责任公司的股东之间可以相互转让其全部或者部分股权。

股东向股东以外的人转让股权的，应当将股权转让的数量、价格、支付方式和期限等事项书面通知其他股东，其他股东在同等条件下有优先购买权。股东自接到书面通知之日起三十日内未答复的，视为放弃优先购买权。两个以上股东行使优先购买权的，协商确定各自的购买比例；协商不成的，按照转让时各自的出资比例行使优先购买权。

公司章程对股权转让另有规定的，从其规定。

8.《公司法》（2013年修订）第七十四条 有下列情形之一的，对股东会该项决议投反对票的股东可以请求公司按照合理的价格收购其股权：

（一）公司连续五年不向股东分配利润，而公司该五年连续盈利，并且符合本法规定的分配利润条件的；

（二）公司合并、分立、转让主要财产的；

（三）公司章程规定的营业期限届满或者章程规定的其他解散事由出现，股东会会议通过决议修改章程使公司存续的。

自股东会会议决议通过之日起六十日内，股东与公司不能达成股权收购协议的，股东可以自股东会会议决议通过之日起九十日内向人民法院提起诉讼。

9.《公司法》（2023年修订）第八十九条 有下列情形之一的，对股东会该项决议投反对票的股东可以请求公司按照合理的价格收购其股权：

（一）公司连续五年不向股东分配利润，而公司该五年连续盈利，并且符合本法规定的分配利润条件；

（二）公司合并、分立、转让主要财产；

（三）公司章程规定的营业期限届满或者章程规定的其他解散事由出现，股东会通过决议修改章程使公司存续。

自股东会决议作出之日起六十日内，股东与公司不能达成股权收购协议的，股东可以自股东会决议作出之日起九十日内向人民法院提起诉讼。

公司的控股股东滥用股东权利，严重损害公司或者其他股东利益的，其他股东有权请求公司按照合理的价格收购其股权。

公司因本条第一款、第三款规定的情形收购的本公司股权，应当在六个月内依法转让或者注销。

10.《公司法》（2013年修订）第一百零三条 股东出席股东大会会议，

所持每一股份有一表决权。但是，公司持有的本公司股份没有表决权。

股东大会作出决议，必须经出席会议的股东所持表决权过半数通过。但是，股东大会作出修改公司章程、增加或者减少注册资本的决议，以及公司合并、分立、解散或者变更公司形式的决议，必须经出席会议的股东所持表决权的三分之二以上通过。

11.《公司法》（2023 年修订）第一百一十六条 股东出席股东会会议，所持每一股份有一表决权，类别股股东除外。公司持有的本公司股份没有表决权。

股东会作出决议，应当经出席会议的股东所持表决权过半数通过。

股东会作出修改公司章程、增加或者减少注册资本的决议，以及公司合并、分立、解散或者变更公司形式的决议，应当经出席会议的股东所持表决权的三分之二以上通过。

12.《最高人民法院关于适用〈中华人民共和国公司法〉若干问题的规定（三）》第十二条 公司成立后，公司、股东或者公司债权人以相关股东的行为符合下列情形之一且损害公司权益为由，请求认定该股东抽逃出资的，人民法院应予支持：

（一）制作虚假财务会计报表虚增利润进行分配；

（二）通过虚构债权债务关系将其出资转出；

（三）利用关联交易将出资转出；

（四）其他未经法定程序将出资抽回的行为。

13.《最高人民法院关于适用〈中华人民共和国公司法〉若干问题的规定（三）》第二十一条 当事人向人民法院起诉请求确认其股东资格的，应当以公司为被告，与案件争议股权有利害关系的人作为第三人参加诉讼。

案由 股东名册记载纠纷

何某珊、辽宁某水融资担保有限责任公司股东名册记载纠纷案

段雅琴[*]

一、案情简介

被告辽宁某水融资担保有限责任公司(以下简称"某水公司")于2013年5月3日成立,股东有:沈阳某盛金陶瓷有限公司(以下简称"某盛金公司"),认缴出资4000万人民币,占比80%;沈阳某华资产经营有限公司,认缴出资1000万人民币,占比20%。2018年7月17日,法院作出××3号、4号民事裁定书,裁定受理某盛金公司的破产清算申请,并随机指定辽宁某律师事务所担任某盛金公司破产管理人。2018年12月20日,法院作出××3、4号民事裁定书,裁定宣告某盛金公司破产。某盛金公司破产管理人处置某盛金公司资产时,通过淘宝网公开拍卖某盛金公司持有的某水公司80%股权,2020年12月1日,原告何某珊通过公开竞价以14.06万元竞得上述股权,并与某盛金公司破产管理人签订《拍卖成交确认书》,何某珊按照《拍卖成交确认书》约定向某盛金公司破产管理人,支付了上述股权拍卖价款。

原告何某珊取得股权后,多次联系被告未果,无法在公司登记机关办理股权变更登记,也无法行使股东的任何权利。为维护原告合法权益,特诉至法院。原告何某珊的诉讼请求:(1)判令被告依法立即将原告的姓名、出资额及

---

[*] 段雅琴(1998年9月—),女,四川精伦律师事务所专职律师,曾在法院执行局参与案件办理,并多次参与法律援助中心各项法律援助活动。

出资比例,记载于被告公司股东名册和公司章程上,并签发相应的出资证明书;(2)判令被告依法立即将原告的姓名、出资额及出资比例,向公司登记机关办理变更登记;(3)本案全部诉讼费用由被告负担。

2021年11月16日,法院调取自某县市场监督管理局的企业机读档案登记资料显示,某水公司投资者仍记载为某盛金公司,占比为80%。

二、法院判决

原告要求被告将原告的姓名、出资额及出资比例,记载于公司股东名册和公司章程上,并签发相应的出资证明书,向公司登记机关办理变更登记的诉讼请求符合法律规定,法院予以支持。判决:(1)辽宁某水公司于本判决生效之日起二十日内,向何某珊签发出资证明书,将何某珊的姓名、出资额及出资比例,记载于股东名册及公司章程上;(2)某水公司,于本判决生效之日起二十日内将何某珊的姓名、出资额及出资比例,向公司登记机关办理变更登记手续;(3)驳回原告何某珊的其他诉讼请求。

三、判决理由

原告何某珊在被告某水公司股东某盛金公司破产清算期间,经拍卖继受取得某盛金公司所持有的被告80%股权,应依法享有被告股东资格。根据《公司法》(2018年修订,本案例下同)第三十一条第一款"有限责任公司成立后,应当向股东签发出资证明书"、第三十二条第三款"公司应当将股东的姓名或者名称向公司登记机关登记;登记事项发生变更的,应当办理变更登记。未经登记或者变更登记的,不得对抗第三人"、第七十三条"依照本法第七十一条、第七十二条转让股权后,公司应当注销原股东的出资证明书,向新股东签发出资证明书,并相应修改公司章程和股东名册中有关股东及其出资额的记载。对公司章程的该项修改不需再由股东会表决"及《最高人民法院关于适用〈中华人民共和国公司法〉若干问题的规定(三)》第二十三条"当事人依法履行出资义务或者依法继受取得股权后,公司未根据《公司法》第三十一条、第三十二条的规定签发出资证明书、记载于股东名册并办理公司登记机关登记,当事人请求公司履行上述义务的,人民法院应予支持"之规定,原告何某珊有权要求被告某水公司向其签发出资证明书、记载公司股东名册、记载公司章程并办理股权变更登记。

四、案例解析

《民法典》在物权领域针对物权变动设立了公示、公信原则，该原则的立法思想贯穿于《民法典》和相关法律制度的始终，在《公司法》中也具有重要的法律地位。

公信原则是指以一定的方式使公众知悉相关的事实，公示原则是指行为只要符合法定公示方式就具有可信赖的法律效力。如果当事人基于信赖公示内容而从事交易，即使公示内容与权利实际状态不符，善意相对人也受到法律保护。对公示产生何种效力以及欠缺该公示产生何种法律后果，《民法典》采取的是登记生效主义和登记对抗主义相结合的做法。其中，登记生效主义是原则，登记对抗主义是例外。

登记生效主义，又称登记要件主义，是指将登记作为法律行为生效的要件，未经登记不能在当事人之间产生法律后果，更不具有对抗第三人的效力，而且其登记还有公信的效力；登记对抗主义是指未经登记，法律行为在法律上也可有效成立，但只能在当事人之间产生效力，不能对抗善意第三人。

根据《公司法》，能够确认股东资格的法定文件有三：（1）出资证明书（股权证书）。（2）股东名册，是指公司记载有关股东及其股权状况的簿册。股东名册是股东身份和资格的法定证明文件，具有最高的证明效力。股东名册应当包括法定内容，不包括此内容者不能称为股东名册。依据《公司法》第三十二条的相关规定，股东名册应当记载的法定内容包括股东的姓名或者名称及住所、股东的出资额、出资证明书编号。记载于股东名册的股东，可以依股东名册主张行使股东权利。（3）工商登记，公司应当将股东的姓名或者名称向公司登记机关登记；登记事项发生变更的，应当办理变更登记。未经登记或者变更登记的，不得对抗第三人。在此处我国采用的是登记对抗主义的立法模式。在股东已经依法向公司出资或者认缴出资后即成为该公司股东，享有该公司股权，即使公司未及时将股东的姓名或者名称向公司登记机关登记也不影响该当事人的股东身份，只是出于对交易安全的保护，未经登记不能对抗第三人。

同时，依据《最高人民法院关于适用〈中华人民共和国公司法〉若干问题的规定（三）》第二十二条的相关规定，当事人之间对股权归属发生争议，一方请求人民法院确认其享有股权的，应当证明以下事实之一：（1）已经依法向公司出资或者认缴出资，且不违反法律法规强制性规定；（2）已经受让或者以其他形式继受公司股权，且不违反法律法规强制性规定。

本案中，2018年12月20日，依据法院作出的〔2018〕辽××破×、×号民事裁定书，裁定宣告某盛金公司破产。某盛金公司管理人处置某盛金公司资产时，通过淘宝网公开拍卖某盛金公司持有的某水公司80％股权，2020年12月1日，原告何某珊通过公开竞价以14.06万元竞得上述股权，并与某盛金公司管理人签订《拍卖成交确认书》，何某珊按照《拍卖成交确认书》约定向某盛金公司管理人支付上述股权拍卖价款。因此，原告何某珊通过公开竞价方式竞得某盛金公司持有的被告某水公司股权，并已支付上述股权拍卖价款，履行了其出资义务，不违反法律法规强制性规定，原告已经实际取得被告某水公司股权，但是被告某水公司怠于依据《公司法》第三十一条、第三十二条的规定，向其签发出资证明书、记载于股东名册并办理公司登记机关登记的行为，导致原告不能依法行使股东权利，履行股东义务，侵害了原告何某珊的合法权益，被告某水公司应当依法对其违法行为进行纠正。

五、律师建议

从投资人的角度来说，在对公司出资或者认缴出资前，出资人应当对即将投资的公司进行全方位、立体式的分析判断，做好详细的尽职调查，尽可能地降低商业风险。已经依法向公司出资或者认缴出资后，出资人应当敦促公司及时签发出资证明书、记载于股东名册并办理公司登记机关登记，以保障自己能够依法享有股东权利，承担股东义务；同时，防止原股东进行"一股二卖"等增加交易成本、交易风险，侵害自己合法权益的行为发生。对于公司怠于履行其法定职责的，投资人应当及时采取向法院起诉等方式进行事后救济，以维护自己的合法权益。出资人向人民法院起诉请求确认其股东资格的，应当以公司为被告，与案件争议股权有利害关系的人作为第三人参加诉讼。

从公司的角度来说，公司应当在股东出资或者认缴出资后，及时向其签发出资证明书、记载于股东名册并办理公司登记机关登记，防止投资人和原股东恶意串通侵害公司权益，尽可能避免公司涉诉，影响公司名誉等。对公司有过错的董事、高级管理人及实际控制人来说，未及时办理变更登记有过错，造成受让股东损失的，也应承担相应的法律责任。因此，公司应当审慎对待，以免诉累。

从第三人的角度来说，登记对抗主义的立法模式对其交易行为具有强有力的保护，但是第三人在进行交易前也要做好详尽的尽职调查，避免因自己的过失丧失"善意"的身份，落得"人财两空"，增加不必要的交易成本和风险。

从国家、社会角度来说，对记载于登记簿的事项，一旦记载在登记簿之后，即是向社会公布了某项权利归属于某人或者某项权利是否已经移转给了新的权利人，具有保护交易安全、保障第三人合法权益、定分止争和提高效率等的特点。同时，登记在某些时候作为效力性强制性规定，登记生效或登记对抗对法律行为的后果具有重要影响，对规范交易行为、维护社会秩序、促进社会经济发展、提高社会经济地位具有举足轻重的意义。

六、法律法规依据

1.《公司法》（2018 年修订）第二十五条 有限责任公司章程应当载明下列事项：

（1）公司名称和住所；

（2）公司经营范围；

（3）公司注册资本；

（4）股东的姓名或者名称；

（5）股东的出资方式、出资额和出资时间；

（6）公司的机构及其产生办法、职权、议事规则；

（7）公司法定代表人；

（8）股东会会议认为需要规定的其他事项。

股东应当在公司章程上签名、盖章。

2.《公司法》（2023 年修订）第四十六条 有限责任公司章程应当载明下列事项：

（一）公司名称和住所；

（二）公司经营范围；

（三）公司注册资本；

（四）股东的姓名或者名称；

（五）股东的出资额、出资方式和出资日期；

（六）公司的机构及其产生办法、职权、议事规则；

（七）公司法定代表人的产生、变更办法；

（八）股东会认为需要规定的其他事项。

股东应当在公司章程上签名或者盖章。

3.《公司法》（2018 年修订）第三十一条 有限责任公司成立后，应当向股东签发出资证明书。出资证明书应当载明下列事项：

（一）公司名称；

（二）公司成立日期；

（三）公司注册资本；

（四）股东的姓名或者名称、缴纳的出资额和出资日期；

（五）出资证明书的编号和核发日期。

出资证明书由公司盖章。

4.《公司法》（2023年修订）第五十五条 有限责任公司成立后，应当向股东签发出资证明书，记载下列事项：

（一）公司名称；

（二）公司成立日期；

（三）公司注册资本；

（四）股东的姓名或者名称、认缴和实缴的出资额、出资方式和出资日期；

（五）出资证明书的编号和核发日期。

出资证明书由法定代表人签名，并由公司盖章。

5.《公司法》（2018年修订）第三十二条 有限责任公司应当置备股东名册，记载下列事项：

（一）股东的姓名或者名称及住所；

（二）股东的出资额；

（三）出资证明书编号。

记载于股东名册的股东，可以依股东名册主张行使股东权利。

公司应当将股东的姓名或者名称向公司登记机关登记；登记事项发生变更的，应当办理变更登记。未经登记或者变更登记的，不得对抗第三人。

6.《公司法》（2023年修订）第五十六条 有限责任公司应当置备股东名册，记载下列事项：

（一）股东的姓名或者名称及住所；

（二）股东认缴和实缴的出资额、出资方式和出资日期；

（三）出资证明书编号；

（四）取得和丧失股东资格的日期。

记载于股东名册的股东，可以依股东名册主张行使股东权利。

7.《公司法》（2018年修订）第七十一条 有限责任公司的股东之间可以相互转让其全部或者部分股权。股东向股东以外的人转让股权，应当经其他股东过半数同意。股东应就其股权转让事项书面通知其他股东征求同意，其他股东自接到书面通知之日起满三十日未答复的，视为同意转让。其他股东半数以上不同意转让的,不同意的股东应当购买该转让的股权;不购买的,视为同意转让。

经股东同意转让的股权,在同等条件下,其他股东有优先购买权。两个以上股东主张行使优先购买权的,协商确定各自的购买比例;协商不成的,按照转让时各自的出资比例行使优先购买权。

公司章程对股权转让另有规定的,从其规定。

8.《公司法》(2023 年修订)第八十四条 有限责任公司的股东之间可以相互转让其全部或者部分股权。

股东向股东以外的人转让股权的,应当将股权转让的数量、价格、支付方式和期限等事项书面通知其他股东,其他股东在同等条件下有优先购买权。股东自接到书面通知之日起三十日内未答复的,视为放弃优先购买权。两个以上股东行使优先购买权的,协商确定各自的购买比例;协商不成的,按照转让时各自的出资比例行使优先购买权。

公司章程对股权转让另有规定的,从其规定。

9.《公司法》(2018 年修订)第七十二条 人民法院依照法律规定的强制执行程序转让股东的股权时,应当通知公司及全体股东,其他股东在同等条件下有优先购买权。其他股东自人民法院通知之日起满二十日不行使优先购买权的,视为放弃优先购买权。

10.《公司法》(2023 年修订)第八十五条 人民法院依照法律规定的强制执行程序转让股东的股权时,应当通知公司及全体股东,其他股东在同等条件下有优先购买权。其他股东自人民法院通知之日起满二十日不行使优先购买权的,视为放弃优先购买权。

11.《公司法》(2018 年修订)第七十三条 依照本法第七十一条、第七十二条转让股权后,公司应当注销原股东的出资证明书,向新股东签发出资证明书,并相应修改公司章程和股东名册中有关股东及其出资额的记载。对公司章程的该项修改不需再由股东会表决。

12.《公司法》(2023 年修订)第八十六条 股东转让股权的,应当书面通知公司,请求变更股东名册;需要办理变更登记的,并请求公司向公司登记机关办理变更登记。公司拒绝或者在合理期限内不予答复的,转让人、受让人可以依法向人民法院提起诉讼。

股权转让的,受让人自记载于股东名册时起可以向公司主张行使股东权利。

13.《公司法》(2023 年修订)第八十七条 依照本法转让股权后,公司应当及时注销原股东的出资证明书，向新股东签发出资证明书，并相应修改公司章程和股东名册中有关股东及其出资额的记载。对公司章程的该项修改不需再由股东会表决。

14.《最高人民法院关于适用〈中华人民共和国公司法〉若干问题的规定（三）》第二十二条　当事人之间对股权归属发生争议，一方请求人民法院确认其享有股权的，应当证明以下事实之一：

（一）已经依法向公司出资或者认缴出资，且不违反法律法规强制性规定；

（二）已经受让或者以其他形式继受公司股权，且不违反法律法规强制性规定。

15.《最高人民法院关于适用〈中华人民共和国公司法〉若干问题的规定（三）》第二十一条　当事人向人民法院起诉请求确认其股东资格的，应当以公司为被告，与案件争议股权有利害关系的人作为第三人参加诉讼。

16.《最高人民法院关于适用〈中华人民共和国公司法〉若干问题的规定（三）》第二十三条　当事人依法履行出资义务或者依法继受取得股权后，公司未根据《公司法》第三十一条、第三十二条的规定签发出资证明书、记载于股东名册并办理公司登记机关登记，当事人请求公司履行上述义务的，人民法院应予支持。

17.《最高人民法院关于适用〈中华人民共和国公司法〉若干问题的规定（三）》第二十七条　股权转让后尚未向公司登记机关办理变更登记，原股东将仍登记于其名下的股权转让、质押或者以其他方式处分，受让股东以其对于股权享有实际权利为由，请求认定处分股权行为无效的，人民法院可以参照《民法典》第三百一十一条的规定处理。原股东处分股权造成受让股东损失，受让股东请求原股东承担赔偿责任、对于未及时办理变更登记有过错的董事、高级管理人员或者实际控制人承担相应责任的，人民法院应予支持；受让股东对于未及时办理变更登记也有过错的，可以适当减轻上述董事、高级管理人员或者实际控制人的责任。

案由 请求变更公司登记纠纷

韦某兵诉新疆某房地产公司请求变更公司登记纠纷案

李 红[*]

一、案情简介

韦某兵系新疆某房地产公司的董事长、法定代表人。该公司于2013年3月成立，注册资本2000万元。某投资公司和某鸿公司为其股东，其中某投资公司认缴出资1900万元，某鸿公司认缴出资100万元，某投资公司、新疆某房地产公司均系某石化集团下属公司。

2017年7月18日，某石化集团有限公司总裁办下发内部文件《关于干部免职的决定》，免去韦某兵在新疆某房地产公司董事长、法定代表人及在某石化集团担任的一切职务。同年7月20日新疆某房地产公司控股股东某投资公司通知韦某兵免职事宜，并告知该免职决定已经通知某鸿公司，某鸿公司接受并同意免职决定。韦某兵自被免职后，已经被停止在某石化集团和新疆某房地产公司的全部职务和工作，亦未再领取其任何报酬。

新疆某房地产公司在对韦某兵作出免职决定，韦某兵离开公司并解除双方劳动关系的情况下，怠于为韦某兵变更法定代表人登记，损害了韦某兵的权益。故韦某兵向某一审法院提起诉讼，诉讼请求为：（1）依法判令新疆某房地产公司办理公司法定代表人工商变更登记，并由某投资公司、某鸿公司予以配合；（2）由新疆某房地产公司、某投资公司、某鸿公司承担本案诉讼费用、邮

---

[*] 李红（1989年12月— ），女，四川精伦律师事务所专职律师。

寄送达费等其他相关费用。一审过程中，某鸿公司提交书面意见称，认可韦某兵起诉的有关事实，也同意公司办理工商变更登记。一审法院以无书面股东会决议为由，判决驳回起诉。对此韦某兵不服，向二审法院上诉并提交了某石化集团有限公司总裁办下发内部文件《关于干部免职的决定》、2017年7月20日新疆某投资公司出具的《免职通知书》原件。二审法院维持一审判决，韦某兵提起再审并提交了《新疆某房地产开发有限公司章程》，该《章程》第十三条规定："股东会由全体股东组成，是公司的权力机构，行使下列职权：……（二）选举和更换非由职工代表担任的董事、监事，决定有关董事、监事的报酬事项……"第十九条规定："公司设董事会，成员为5人，由某投资控股有限公司委派3名，由某鸿投资有限公司委派2名。董事任期3年，连选可以连任。董事会设董事长1人，由董事会选举产生。董事长任期3年，任期届满，连选可以连任。董事会对股东会负责，行使下列职权：……（二）执行股东会的决议……"第二十六条规定："董事长为公司的法定代表人。"再查明，韦某兵是新疆某房地产公司股东某投资公司委派的董事。

此后，最高人民法院依法提审并改判。

二、法院判决

再审法院（最高人民法院）改判：新疆某房地产公司于该判决生效之日起三十日内办理公司法定代表人变更登记。

三、判决理由

最高人民法院改判理由主要有两点：

1. 新疆某房地产公司已经终止与韦某兵之间的法定代表人委托关系，韦某兵已经不具有代表公司的法律基础。

法定代表人是对外代表公司意志的机关之一，登记的法定代表人依法具有公示效力，但就公司内部而言，公司和法定代表人之间为委托法律关系，法定代表人行使代表人职权的基础为公司权力机关的授权，公司权力机关终止授权，则法定代表人对外代表公司从事民事活动的职权终止，公司依法应当及时办理工商变更登记。

本案中，《新疆某房地产开发有限公司章程》第十三条规定，某房地产公司股东会是公司的权力机构，有权选举和更换董事；第十九条规定，董事会董事由股东委派，董事会对股东会负责，执行股东会决议，董事长由董事会选举产生；第二十六条规定，董事长为公司法定代表人。2013年3月26日，某房地产公司成立，韦某兵是新疆某房地产公司股东某投资公司委派的董事，依据公司章程经董事会选举为董事长，依据章程担任公司法定代表人，并办理了工商登记。因此，韦某兵系受公司权力机关委托担任公司法定代表人。

2017年7月18日，某石化集团下发《关于干部免职的决定》，免除韦某兵某房地产公司董事长、法定代表人职务。2017年7月20日，某投资公司依据某石化集团上述干部免职决定，向韦某兵发出《免职通知书》，免去韦某兵公司董事长、法定代表人职务。该《免职通知书》还载明："本公司作为新疆某房地产开发有限公司的控股股东，有权决定该公司董事长、法定代表人任免。本公司已将对你的免职决定，通知另一股东新疆某鸿投资有限公司，该公司未提出异议。本通知自发出之日生效。"韦某兵被免职后，未在该公司工作，也未从公司领取报酬。本案诉讼中，某鸿公司明确其知晓并同意公司决定，因此，可以认定某房地产公司两股东已经就韦某兵免职作出股东会决议并通知了韦某兵，该决议符合某房地产公司章程规定，不违反法律规定，依法产生法律效力，双方的委托关系终止，韦某兵已经不享有公司法定代表人的职责。依据《公司法》（2013年修订，本案例下同）第十三条规定："公司法定代表人依照公司章程的规定，由董事长、执行董事或者经理担任，并依法登记。公司法定代表人变更，应当办理变更登记。"某房地产公司应当依法办理法定代表人变更登记。

2. 某房地产公司怠于履行义务，对韦某兵的权益造成了损害，依法应当办理法定代表人变更登记。

按照原国家工商行政管理局制定的《企业法定代表人登记管理规定》（1999年修正）第六条"企业法人申请办理法定代表人变更登记，应当向原企业登记机关提交下列文件：（一）对企业原法定代表人的免职文件；（二）对企业新任法定代表人的任职文件；（三）由原法定代表人或者拟任法定代表人签署的变更登记申请书"，以及第七条"有限责任公司或者股份有限公司更换法定代表人需要由股东会、股东大会或者董事会召开会议作出决议……"之规定，新疆某房地产公司只需提交申请书以及对原法定代表人的免职文件、新法定代表人的任职文件，以及股东会、股东大会或者董事会召开会议作出决议，即可自行办理工商变更登记。本案中，韦某兵被免职后，其个人不具有办理法定代表人变更登记的主体资格，新疆某房地产公司亦不依法向公司注册地工商局提交变更申请以及相关文件，导致韦某兵在被免职后仍然对外登记公示为公司法定代表人,在新疆某房地产公司相关诉讼中被限制高消费等,已经给韦某兵的生活造成实际影响,侵害了其合法权益。除提起本案诉讼外,韦某兵已无其他救济途径,故韦某兵请求新疆某房地产公司办理工商变更登记,依法有据,应予支持。

四、案例解析

本案的争议焦点:公司有无解除终止双方代理关系?韦某兵权利受损,是否已经穷尽内部和登记机关的权利救济?

1. 韦某兵所举示的证据已能证明公司的"股东会决议"真实且有效,韦某兵与公司的委任(代理)关系已终止。

首先,公司内部股东间已达成韦某兵被免职的一致意见,其"股东会决议"已经形成。韦某兵举示的某石化集团有限公司总裁办下发内部文件《关于干部免职的决定》、2017年7月20日某投资公司出具的《免职通知书》《新疆某房地产公司章程》,以及某鸿公司同意免职书面答辩意见等形成完整的证据链。可见,韦某兵被免职的事实清楚,某投资公司和某鸿公司为新疆某房地产公司的股东,为公司的权力机构行使公司自治权,可以认定新疆某房地产公司两股东已经就韦某兵免职作出股东会决议并通知了韦某兵,该决议符合新疆某房地产公司章程规定,不违反法律规定,依法产生法律效力,双方的委托关系终止,韦某兵已经不享有公司法定代表人的职责。

其次,韦某兵没有参与公司的实际经营与管理,不具有继续担任法定代表人的身份基础。韦某兵自被免职后,已经被停止在某石化集团和新疆某房地产公司的全部职务和工作,亦未再领取其任何报酬,不参与公司的实际经营与管理,与公司没有任何关系,因此不宜再担任董事长、法定代表人等职务。

最后,简言之,从本案的司法裁判观点可知,"股东会决议"不应仅局限于"书面"形式,其内容为股东的真实意思表示,符合公司章程规定的决议人数且法定程序,不违反法律规定,体现其公司自治权,应予以充分尊重。

2. 韦某兵已竭尽公司内部救济与登记机关救济,新疆某房地产公司怠于变更工商登记,致使韦某兵权益受损。

(1) 如前所述,韦某兵自被免职后没有参与公司的经营与管理,无法自行组织公司内部召开股东会形成书面股东会决议,更无权自行向登记机关申请变更登记。换言之,其个人不具有办理法定代表人变更登记的主体资格。

(2) 新疆某房地产公司本应按照《公司登记管理条例》第三十条"公司变

更法定代表人的，应当自变更决议或者决定作出之日起 30 日内申请变更登记"及《公司法》第十三条"公司法定代表人依照公司章程的规定，由董事长、执行董事或者经理担任，并依法登记。公司法定代表人变更，应当办理变更登记"之规定，及时向登记机关申请变更法定代表人登记，但由于公司怠于履行变更义务，从而让韦某兵处于不利地位。在新疆某房地产公司相关诉讼中被限制高消费等，已经给韦某兵的生活造成实际影响，侵害了其合法权益。除提起本案诉讼外，韦某兵已无其他救济途径，陷入变更登记僵局。此时，法院的裁判权支持涤除登记更符合立法目的，定纷止争。

总而言之，韦某兵诉新疆某房地产公司请求变更法定代表人的对外公示登记，符合客观事实与法律规定，理应得到支持。

五、律师建议

在本案请求变更公司登记纠纷中，韦某兵作为原公司的法定代表人，与公司之间基于信赖产生的对内决策权和对外代表权的权利外观，而韦某兵以自然人的身份提起本案诉讼，除体现了实务中诸如董监高等人员的辞职难的特点外，更凸显公司的治理水平。公司作为法人，其通过股东会行使自治权，体现公司内部治理秩序；董监高等人员作为社会贡献较大的精英人群，其自身的维权意识较强烈。在实务中，公司与个人均应对其潜在的法律风险有所认识。

对公司而言，董监高等需要登记备案人员一旦发生变动，应尽快办理内部辞职以及变更外部公示登记等手续。一是公司为员工办理离职手续是法定的义务，二是公司法定代表人、董监高等人员辞职或被免职后，其身份不能"代表"公司，这包括对内决策权和对外代表权。诚然，公司对外公示的信息仍以登记机关的登记信息为准。以法定代表人为例，一旦离任人员以公司名义对外开展交易活动，其不可避免地将公司置于重大风险的"刀刃"上。根据《民法典》第六十一条关于"法定代表人以法人名义从事的民事活动，其法律后果由法人承受。法人章程或者法人权力机构对法定代表人代表权的限制，不得对抗善意相对人"之规定，法定代表人以公司的名义对外开展的相关交易活动均对公司产生约束力，登记部门的公示公信登记信息在不变更的情况下，则隐藏了极大的经营风险，虽然依据《民法典》第六十二条关于"法人承担民事责任后，依照法律或者法人章程的规定，可以向有过错的法定代表人追偿"之规定，公司享有追偿权，但法定代表人个人的承受偿付能力尚无法确定，公司的名誉损失亦不可估量。为此，公司有重要管理岗位人员离任时，应及时办理相关手续。同时，公司可在内部章程中"预留"设置空间，启动"备用""临时"管理人员的任用，把人员变动的流程性风险规避到最小。

就个人而言，法定代表人、董监高等需要登记备案人员一旦发生变动，尽快办理内部辞职以及外部公示登记变更等手续是必须的。实践中，员工辞职是通过公司固定的内部流程进行的，公司容易操作，耗时相对较短，按部就班即可；变更登记手续则需要公司的内部决议、决定等文件，此类文件收集难度较大，股东之间需要协调的事项较复杂，新的接替人员上任需要时间，且涉及公司与登记机关申请变更登记的操作细节，其流程相对较冗长、手续较烦琐，往往会延迟变更登记甚至"胎死腹中"。但是，如果登记备案人员变动不尽快办理变更登记则会带来很大的法律风险。比如，公司涉诉后纳入失信被执行人，法定代表人也会被发出限消令，对登记的法定代表人个人的生活、工作均会带来不同程度的影响。因此，董监高等需要登记备案人员变动的，建议要"两步走"，在离任前的过渡期，一是督促公司股东会做出离任及对应接管人员的书面决议文件；二是书面督促公司向工商部门申请办理变更登记，做到公司对内、对外信息对称。这样就为后续变更登记或诉讼的证据留痕，避免陷入僵局，加重其自身的救济能力的负担。

对第三方而言，在实务交易过程中，对有合作关系的对方公司应保持理性对待，对方公司的人员身份、偿付能力、诚信信用等均应综合评价，评估其交易过程中可能存在的风险，做到严谨、审慎的义务。

综上所述，公司、法定代表人或董监高人员、合作交易第三方在市场交易秩序中都应秉承诚实信用的原则开展活动。

六、法律法规依据

1.《公司法》（2013年修订）第十三条规定 公司法定代表人依照公司章程的规定，由董事长、执行董事或者经理担任，并依法登记。公司法定代表人变更，应当办理变更登记。

2.《公司法》（2023年修订）第十条 公司的法定代表人按照公司章程的规定，由代表公司执行公司事务的董事或者经理担任。

担任法定代表人的董事或者经理辞任的，视为同时辞去法定代表人。

法定代表人辞任的，公司应当在法定代表人辞任之日起三十日内确定新的法定代表人。

3.《公司法》（2023年修订）第十一条 法定代表人以公司名义从事的民

事活动，其法律后果由公司承受。

公司章程或者股东会对法定代表人职权的限制，不得对抗善意相对人。

法定代表人因执行职务造成他人损害的，由公司承担民事责任。公司承担民事责任后，依照法律或者公司章程的规定，可以向有过错的法定代表人追偿。

4.《中华人民共和国民事诉讼法》（以下简称《民事诉讼法》）第二百一十四条第一款 人民法院按照审判监督程序再审的案件，发生法律效力的判决、裁定是由第一审法院作出的，按照第一审程序审理，所作的判决、裁定，当事人可以上诉；发生法律效力的判决、裁定是由第二审法院作出的，按照第二审程序审理，所作的判决、裁定，是发生法律效力的判决、裁定；上级人民法院按照审判监督程序提审的，按照第二审程序审理，所作的判决、裁定是发生法律效力的判决、裁定。

5.《民事诉讼法》第一百七十七条 第二审人民法院对上诉案件，经过审理，按照下列情形，分别处理：

（一）原判决、裁定认定事实清楚，适用法律正确的，以判决、裁定方式驳回上诉，维持原判决、裁定；

（二）原判决、裁定认定事实错误或者适用法律错误的，以判决、裁定方式依法改判、撤销或者变更；

（三）原判决认定基本事实不清的，裁定撤销原判决，发回原审人民法院重审，或者查清事实后改判；

（四）原判决遗漏当事人或者违法缺席判决等严重违反法定程序的，裁定撤销原判决，发回原审人民法院重审。原审人民法院对发回重审的案件作出判决后，当事人提起上诉的，第二审人民法院不得再次发回重审。

6.《最高人民法院关于适用〈中华人民共和国民法典〉时间效力的若干规定》第一条第二款 民法典施行前的法律事实引起的民事纠纷案件，适用当时的法律、司法解释的规定，但是法律、司法解释另有规定的除外。

7.《企业法人法定代表人登记管理规定》（1999年修正）第六条 企业法人申请办理法定代表人变更登记，应当向原企业登记机关提交下列文件：

（一）对企业原法定代表人的免职文件；

（二）对企业新任法定代表人的任职文件；

（三）由原法定代表人或者拟任法定代表人签署的变更登记申请书。

第七条 有限责任公司或者股份有限公司更换法定代表人需要由股东会、股东大会或者董事会召开会议作出决议，而原法定代表人不能或者不履行职责，致使股东会、股东大会或者董事会不能依照法定程序召开的，可以由半数以上的董事推选一名董事或者由出资最多或者持有最大股份表决权的股东或其委派的代表召集和主持会议，依法作出决议。

《中华人民共和国公司登记管理条例》（2016 修订，已失效）第二十七条第一款　公司申请变更登记，应当向公司登记机关提交下列文件：

（一）公司法定代表人签署的变更登记申请书；

（二）依照《公司法》作出的变更决议或者决定；

（三）国家市场监督管理总局规定要求提交的其他文件。

案由 股东出资纠纷

某丰公司与某羽公司、某达公司股东出资纠纷案

李 红[*]

一、案情简介

2012年11月底，某丰公司与某羽公司签订了《某城公司合作协议》（以下简称《合作协议》），协议约定双方共同出资设立某城公司，公司注册资本5000万元。某丰公司以货币形式出资3000万元，占60%股份，第一期出资额1000万元，出资时间为2012年12月；认缴未缴的出资2000万元，将于公司成立之日起两年内根据需要陆续出资到位。某羽公司以无形资产及样机出资2000万元，占股份40%，第一期出资额以牙科CT样机出资341.96万元，出资时间为2012年12月；认缴未缴的出资1658.04万元，将于公司成立之日起两年内出资到位。

2012年12月26日，某城公司第一次股东会通过公司章程，章程中关于出资的约定与《合作协议》一致。

2013年1月20日四川某某会计师事务所有限责任公司出具的验资报告后附《资产评估报告书》载明：评估基准日2012年10月10日，"牙科CT成套设备（3套）"的评估值341.96万元与"牙科CT专有技术"的评估值1658.04万元。验资报告载明"截至2013年1月14日，贵公司（筹）已收到甲方、乙方首次缴纳的注册资本（实收资本）合计人民币1341.96万元整。各

---

[*] 李红（1989年12月— ），女，四川精伦律师事务所专职律师。

股东以货币出资1000万元，实物出资341.96万元"及"评估基准日2012年10月10日起算，一年内有效"。同日，某羽公司与某丰公司董事长蒋某共同签字盖章出具《出资确认书》，确认截至2013年1月20日，某羽公司已足额缴纳人民币341.96万元整。双方签署了《设备交割清单》，清单载明：按照2012年12月26日股东会和章程规定，双方成立某城公司，某羽公司以3套牙科CT机价值341.96万元出资。现将3套CT机交付某城公司。交付时间：2013年1月15日；地点：某羽公司厂房；交付方：某羽公司；时任某城公司法定代表人蒋某签收。

2015年1月23日某城公司召开第一届第二次股东会并形成股东会决议，该决议同意某羽公司将持有的某城公司40%股权转让给某达公司，并同意应由某羽公司于2015年1月20日内到位的1658.04万元出资额，由新股东某达公司于2015年4月30日内以专有技术的出资方式到位。该次会议通过公司章程，公司章程也载明第二期出资时间为2015年4月30日。

2018年1月4日，某城公司召开股东会并形成股东会决议，通过《某城公司章程修正案》，该修正案确认某达公司在2015年11月18日将价值1658.04万元的专有技术实际缴付到位，某城公司法定代表人蒋某签字，并盖有某城公司的公章。

2020年9月18日，某丰公司以股东未按期足额出资为由向法院提起诉讼：判令某羽公司、某达公司向某城公司连带承担补足非货币出资不足部分人民币1740.96万元并支付未足额出资部分的利息。一审法院判决：驳回某丰公司的诉讼请求。某丰公司提起上诉。

二、法院判决

一审法院判决：驳回某丰公司的诉讼请求。
二审法院判决：驳回上诉，维持原判。

三、判决理由

本案二审的争议焦点为：某羽公司和某达公司是否按期足额缴纳注册资本？

首先，某丰公司与某羽公司签订合作协议，协议对双方共同出资设立某城公司，各自对货币出资金额、无形资产及样机出资形式、范围和时间均作出明确约定。合同中还进行特别约定"某羽公司以无形资产和样机作为认缴注册资本金部分须由双方认可的专业评估机构依据相关法律法规及某羽公司提交的证明文件进行评估，并依据评估报告出具验资报告"。某城公司（筹）成立后，第一次股东会通过公司章程，章程中关于出资的约定与合作协议中各方权利义务约定均一致。

其后，四川某某会计师事务所有限责任公司于2013年1月10日向某城公司出具的验资报告不仅后附有案涉资产评估报告书，还同时对某丰公司、某羽公司首期已经出资到位进行确认。同日，某羽公司与某丰公司董事长蒋某共同签字盖章出具《出资确认书》的事实也足以认定，截至2013年1月20日，某羽公司用3套牙科CT机以实物出资方式履行完毕第一期出资义务。

其次，某城公司2018年1月4日股东会通过《某城公司章程修正案》对某达公司于2015年11月18日将价值1658.04万元的专有技术实际缴付到位进行确认的事实，也能够证实某羽公司、某达公司按照合同约定，按期、足额缴纳了某城公司二期注册资本。

如前所述，案涉《验资报告》《出资确认书》《某城公司医疗器械有限公司章程修正案》能够证实某羽公司和某达公司所出资的3套牙科CT机和专有技术已经足额出资完成，无需再次验资。本案中，依据蒋某既是某城公司的法定代表人，也曾担任某丰公司的董事长事实，能够证实，某丰公司与某羽公司和某达公司就其足额出资达成了一致意见。即使案涉《资产评估报告》存在一年有效期，也因合作各方就此达成合意和共识，并以2018年1月通过《某城公司章程修正案》的形式，对某达公司于2015年11月18日履行完毕第二期出资义务予以确认，即价值1658.04万元的专有技术已实际缴付到位。某丰公司本案关于专有技术缴付时，已经超过《资产评估报告》的一年有效期，属于失效状态，应当重新评估计算价值的主张，与查明事实不符，法院不予支持。

四、案例解析

本案中，某城公司由某丰公司与某羽公司发起设立。在双方签订的《合作协议》中约定了各方股东出资形式、金额、期限，并在某城公司的第一次股东会通过了与《合作协议》约定内容一致的章程。公司章程对公司、股东均具有约束力，即某羽公司以无形资产及样机出资2000万元，占股份40%，第一期出资额以牙科CT样机出资341.96万元，出资时间为2012年12月。认缴未缴的出资1658.04万元，将于公司成立之日起两年内出资到位。

首先，某羽公司的第一期出资额是否按期足额出资？根据当事人举示的2013年1月20日四川某某会计师事务所出具的《资产评估报告》明确载明：评估基准日2012年10月10日，"牙科CT成套设备（3套）"的评估值341.96万元与"牙科CT专有技术"的评估值1658.04万元。《验资报告》载明"截至2013年1月14日止，贵公司（筹）已收到甲方、乙方首次缴纳的注册资本（实收资本）合计人民币1341.96万元整。各股东以货币出资1000万元，实物出资341.96万元"。同时，某羽公司与某丰公司董事长蒋某共同签字盖章出具《出资确认书》，确认截至2013年1月20日，某羽公司已足额缴纳人民币341.96万元整。结合双方签署了《设备交割清单》可知，某羽公司已将三套CT机交付某城公司占用，其实物已由公司管理。故某羽公司的第一期出资资金341.96万元已实缴到位。关于出资时间，虽然某羽公司出资时间2013年1月20日确晚于约定的出资时间2012年12月，但是某丰公司作为公司占股60%的股东，其并未提出异议且某丰公司董事长、某城公司法定代表人亦确认双方出资到位，证明公司及股东均认可某羽公司的第一期的出资义务已履行完毕。

其次，某达公司第二期出资额是否按期足额缴纳？第一，某达公司受让某羽公司40%的股权，经某城公司股东会形成的股东会决议所确认，并同意于2015年4月30日内以专有技术的出资方式到位。该次会议通过公司章程也载明第二期出资时间为2015年4月30日，即有效的股东会决议确认了某达公司受让股权的合法股东身份且变更了某达公司出资期限。第二，2018年1月4日，某城公司召开股东会并形成股东会决议《某城公司章程修正案》对某达公司于2015年11月18日将价值1658.04万元的专有技术实际缴付到位进行确认的事实，也能够证实某达公司按照约定，按期、足额缴纳了某城公司二期注册资本，且某城公司法定代表人蒋某签字，并盖有某城公司的公章。因此，某城公司对某达公司于2015年11月18日履行完毕第二期出资义务予以确认，即价值1658.04万元的专有技术已实际缴付到位。第三，关于出资时间，虽然某达公司出资时间2015年11月18日确晚于约定的出资时间2015年4月30日，但是某城公司法定代表人签字盖公章亦确认某达公司出资到位的合意及共识，并没有提出异议。

综上所述，某羽公司、某达公司在出资期限上虽均有延迟出资的瑕疵，但其股东出资义务均已实缴到位，某丰公司要求其履行未足额出资部分承担责任，缺乏事实与法律依据，一审法院驳回诉讼请求之后，二审法院理应维护原判。

五、律师建议

股东出资义务是指，股东根据协议的约定以及法律和公司章程的规定，向公司交付财产或履行其他给付义务。股东出资义务既是一种约定的义务，同时也是一种法定义务。按行为方式不同，股东违反出资义务的行为可表现为完全不履行[1]、未完全履行[2]和不适当履行[3]三种形式。

股东出资瑕疵履行也成为我国市场经济体制发展的阻力，股东与公司在法律上有相互独立的人格、财产权，但两者也是密不可分的共同体。只有股东切实积极履行了自身出资义务，公司才能得到良好、可持续地发展、壮大，股东亦可享受丰厚的利润分红、收益等利益。若股东不按约定履行出资义务（以下简称"违约股东"），则影响深远。

1. 公司或守约股东有权行使权利：要求违约股东承担违约责任、公司以股东会决议形式解除违约股东资格、要求违约股东全面履行出资义务等。

资本充实是股东向公司切实履行出资的首要义务。各股东之间通过协议等方式就共同发起、设立公司达成一致意见，其属于合同性质。违约股东不履行出资，在公司的经营上享有同守约股东相同的投票权或话语权，无疑对其他守约股东积极履行出资义务在实体上确有不公，其违约行为理应承担合同违约的法律后果。再者，因违约股东的行为让公司的抗风险承受能力下降、资本匮乏，由此引发公司经营风险增大。根据《公司法》（2018年修订，本案例下同）第二十八条第二款关于"股东不按照前款规定缴纳出资的，除应当向公司足额缴纳外，还应当向已按期足额缴纳出资的股东承担违约责任"、《最高人民法院关于适用〈中华人民共和国公司法〉若干问题的规定（三）》第十七条第一款关于"有限责任公司的股东未履行出资义务或者抽逃全部出资，经公司催告缴纳或者返还，其在合理期间内仍未缴纳或者返还出资，公司以股东会决议解除该股东的股东资格，该股东请求确认该解除行为无效的，人民法院不予支持"以及第十三条第一款关于"股东未履行或者未全面履行出资义务，公司或者其他股东请求其向公司依法全面履行出资义务的，人民法院应予支持"之规定，即承担违约责任或解除股东资本或被要求全面履行出资义务。

---

[1] 完全不履行是指股东根本未出资。
[2] 未完全履行又称为未足额履行，是指股东只履行了部分出资义务，未按规定数额足额交付，包括出资货币不足，出资实物、工业产权等非货币出资的价值显著低于章程所确定的价额；等等。
[3] 不适当履行是指出资的时间、形式或手续不符合规定，比如延迟出资、瑕疵出资等。

2. 公司债权人有权行使权利：违约股东在未出资范围内对公司不能清偿的债务承担补充赔偿责任。

如前所述，违约股东使公司处于经营抗风险能力下降、清偿能力不足的困境，甚至让公司资不抵债，濒临破产的处境。作为公司债权人，其合法债权无法得到保障。在对公司穷尽执行措施均未发现可供执行的财产时，证明公司已达破产条件，由此对股东享有的出资期限利益加速到期。根据《最高人民法院关于适用〈中华人民共和国公司法〉若干问题的规定（三）》第十八条第二款关于"公司债权人请求未履行或者未全面履行出资义务的股东在未出资本息范围内对公司债务不能清偿的部分承担补充赔偿责任的，人民法院应予支持"之规定，债权人可依法诉请法院让其公司股东在未出资本息范围内对公司债务不能清偿的部分承担补充赔偿责任。

3.（应当）明知瑕疵股权的受让人：与违约股东承担连带责任。受让人担责之后可追偿违约股东。

违约股东在未履行或未足额履行出资义务，其将瑕疵股权转让给受让人，受让人对其瑕疵股权明知或应当明知的，对违约股东需承担的前述责任范围内同违约股东连带承担责任。之后，受让人可在自身担责范围内向违约股东追偿，双方有约定的除外。因此，受让人在股权转让之前一定要审慎对待，对股权有瑕疵要慎重考虑未来可能承担的法律风险。

简而言之，股东在其公司注册资本认缴范围内应积极履行出资义务，保障公司资本充足。维护公司诚信的经营形象，合法合规开展经营活动，营造良好的市场交易环境。切实履行自身义务，降低公司经营风险，提升公司清偿能力，这才是市场经济长远发展的根本之道。

六、法律法规依据

1.《公司法》（2018年修订）第十一条　设立公司必须依法制定公司章程。公司章程对公司、股东、董事、监事、高级管理人员具有约束力。

2.《公司法》（2023年修订）第五条　设立公司应当依法制定公司章程。公司章程对公司、股东、董事、监事、高级管理人员具有约束力。

3.《公司法》（2018年修订）第二十七条　股东可以用货币出资，也可以用实物、知识产权、土地使用权等可以用货币估价并可以依法转让的非货币财产作价出资；但是，法律、行政法规规定不得作为出资的财产除外。对作为出资的非货币财产应当评估作价，核实财产，不得高估或者低估作价。法律、行政法规对评估作价有规定的，从其规定。

4. 《公司法》（2023 年修订）第四十八条　股东可以用货币出资，也可以用实物、知识产权、土地使用权、股权、债权等可以用货币估价并可以依法转让的非货币财产作价出资；但是，法律、行政法规规定不得作为出资的财产除外。

对作为出资的非货币财产应当评估作价，核实财产，不得高估或者低估作价。法律、行政法规对评估作价有规定的，从其规定。

5. 《公司法》（2018 年修订）第二十八条　股东应当按期足额缴纳公司章程中规定的各自所认缴的出资额。股东以货币出资的，应当将货币出资足额存入有限责任公司在银行开设的账户；以非货币财产出资的，应当依法办理其财产权的转移手续。股东不按照前款规定缴纳出资的，除应当向公司足额缴纳外，还应当向已按期足额缴纳出资的股东承担违约责任。

6. 《公司法》（2023 年修订）第四十九条　股东应当按期足额缴纳公司章程规定的各自所认缴的出资额。

股东以货币出资的，应当将货币出资足额存入有限责任公司在银行开设的账户；以非货币财产出资的，应当依法办理其财产权的转移手续。

股东未按期足额缴纳出资的，除应当向公司足额缴纳外，还应当对给公司造成的损失承担赔偿责任。

7. 《公司法》（2018 年修订）第三十一条　有限责任公司成立后，应当向股东签发出资证明书。

8. 《公司法》（2023 年修订）第五十五条　有限责任公司成立后，应当向股东签发出资证明书，记载下列事项：

（一）公司名称；

（二）公司成立日期；

（三）公司注册资本；

（四）股东的姓名或者名称、认缴和实缴的出资额、出资方式和出资日期；

（五）出资证明书的编号和核发日期。

出资证明书由法定代表人签名，并由公司盖章。

9. 《公司法》（2018 年修订）第七十一条第二款　股东向股东以外的人转让股权，应当经其他股东过半数同意。股东应就其股权转让事项书面通知其他股东征求同意，其他股东自接到书面通知之日起满三十日未答复的，视为同意转让。其他股东半数以上不同意转让的，不同意的股东应当购买该转让的股权；不购买的，视为同意转让。

10.《公司法》（2023 年修订）第八十四条第二款　股东向股东以外的人转让股权的，应当将股权转让的数量、价格、支付方式和期限等事项书面通知其他股东，其他股东在同等条件下有优先购买权。股东自接到书面通知之日起三十日内未答复的，视为放弃优先购买权。两个以上股东行使优先购买权的，协商确定各自的购买比例；协商不成的，按照转让时各自的出资比例行使优先购买权。

11.《最高人民法院关于适用〈中华人民共和国公司法〉若干问题的规定（三）》第九条　出资人以非货币财产出资，未依法评估作价，公司、其他股东或者公司债权人请求认定出资人未履行出资义务的，人民法院应当委托具有合法资格的评估机构对该财产评估作价。评估确定的价额显著低于公司章程所定价额的，人民法院应当认定出资人未依法全面履行出资义务。

12.《最高人民法院关于适用〈中华人民共和国公司法〉若干问题的规定（三）》第十五条　出资人以符合法定条件的非货币财产出资后，因市场变化或者其他客观因素导致出资财产贬值，公司、其他股东或者公司债权人请求该出资人承担补足出资责任的，人民法院不予支持。但是，当事人另有约定的除外。

案由 股东知情权纠纷

文某与某商贸公司股东知情权纠纷案

朱 里[*]

一、案情简介

2010年3月,某商贸公司(以下简称商贸公司)成立。根据工商登记信息显示,文某为该商贸公司股东,另外二名股东分别为杨某、韩某。其中,韩某为公司法定代表人,文某为监事。

2019年12月,文某向商贸公司发出《关于股东要求行使知情权的函》,载明:"本人文某是公司持有20%股权的股东。但自公司成立起,本人未能掌握公司的运行情况以及真实财务状况,根据《公司法》相关规定,现致函公司对下列材料进行查阅。查阅理由:全面了解公司的运营情况及财务状况,行使股东的知情权。查阅范围及方式如下……"

商贸公司收到前述函件后,未予回复。

文某遂诉至法院,诉讼请求如下:

1. 查阅复制自商贸公司成立以来的各年度的财务会计报告。

2. 接受文某查询复制自商贸公司成立以来各年的会计账簿(包括但不限于总账、明细账、日记账、其他辅助性账簿、记账凭证、原始凭证及作为原始凭证附件入账备查的有关资料)。

---

[*] 朱里(1995年10月—),女,四川精伦律师事务所专职律师,曾获"2022年度武侯区律师行业优秀共产党员"称号。

3. 查询复制自商贸公司成立以来的公司章程、章程修正案及股东会决议。

据查，原告文某除系商贸公司股东以外，还系某实业公司控股股东（持股比例80%）。依据工商登记的信息显示，该实业公司经营范围为：市场建设、家具及配件销售、房屋租赁服务等。

二、法院判决

（一）一审判决结果

1. 商贸公司于判决生效后15日内为文某查阅、复制公司2010年3月起至判决生效之日止期间的公司章程、章程修正案及股东会决议提供必要的条件，查询地点为商贸公司，文某在正常工作时间内查阅、复制，文某查阅、复制时间不超过30日。

2. 商贸公司于判决生效后15日内为文某查看、摘抄公司2010年3月起至判决生效之日止期间的会计账簿（包括总账、明细账、日记账和其他辅助性账簿）提供必要的条件，查询地点为商贸公司，文某在其正常工作时间内查看、摘抄，查看、摘抄时间不超过30日。

3. 驳回文某的其他诉讼请求。

因不服一审判决，商贸公司遂提起上诉。

（二）二审判决结果

驳回上诉，维持原判。

三、法院判决理由

（一）文某有权行使股东知情权

1. 本案中，文某为了解公司的实际经营情况，曾向商贸公司发出了查阅和复制《公司法》（2018年修订，本案例下同）第三十三条第一款中列明的公司资料以及查阅复制公司会计账簿（含总账、明细账、日记账、原始凭证和记账凭证）相关资料的书面请求。商贸公司收到该函后，未在法定期限内对文某行使股东知情权的请求作出书面答复，文某据此提起行使股东知情权的诉讼，符合法律规定的前置条件。

2. 商贸公司并未举证证明，文某的查阅有不正当目的。据查，除商贸公司外，文某还是某实业公司股东（控股80%），虽商贸公司与该某实业公司均有"家具销售"项目的工商登记，但目前并无证据证实，两公司的经营主业有实质性竞争关系。若商贸公司认为文某的查阅可能有不正当目的，可以拒绝提供查阅，但商贸公司未到庭应诉，也未举证证明，故商贸公司应承担举证不利的后果。

（二）衡平股东知情权和保护公司合法利益，文某查阅、复制范围的支持与受限

1. 文某诉请第一、第三项（查阅复制商贸公司财务会计报告、公司章程、章程修正案、股东会决议），属法律规定的可查阅、复制范围。

根据《公司法》第三十三条"股东有权查阅、复制公司章程、股东会会议记录、董事会会议决议、监事会会议决议和财务会计报告。股东可以要求查阅公司会计账簿"之规定，文某诉请第一、第三项有明确的法律依据，法院对此予以支持，查阅时间自商贸公司成立之日起至判决生效之日止。

2. 对文某诉请第二项〔会计账簿（包括但不限于总账、明细账、日记账、其他辅助性账簿、记账凭证、原始凭证及作为原始凭证附件入账备查的有关资料）〕，有限度地予以支持。

根据《中华人民共和国会计法》（以下简称《会计法》）第十四条第一款"会计凭证包括原始凭证和记账凭证"，以及第十五条第一款"……会计账簿包括总账、明细账、日记账和其他辅助性账簿"之规定，可看出《会计法》对于会计账簿、会计凭证的范畴的规定。根据前述《公司法》第三十三条规定，股东可以查阅会计账簿。但《公司法》却并未明确规定，会计凭证是否属于股东可查询范畴。

本案中，虽文某主张，其控制的某实业公司与商贸公司之间并不存在业务竞争，但从工商登记情况看，两公司在经营范围内确有相同的经营项目（家具销售）。从长远来看，该实业公司未来仍有可能调整主营业务，与商贸公司产生竞争。在该情形下，若肆意扩张文某股东知情权的范围，很容易造成商贸公司商业秘密泄露，从而对商贸公司的经营业务产生不利影响。

所以，从衡平文某作为股东的知情权和保护商贸公司合法利益的角度出发，法院对于文某诉请第二项中查询原始凭证和记账凭证的诉讼请求不予支持。同时，因为会计账簿包含大量数据信息，故为保障股东查阅的有效性，对此处"查阅"的文意，应理解为允许查看和摘抄。

四、案例解析

根据我国《公司法》第三十三条、第九十七条、第一百一十六条对非上市的股份有限公司股东的知情权进行规定，可以将公司的特定文件划分为四个层次，对应不同的股东权利：第一层次为公司章程、股东会会议记录、董事会会议决议、监事会会议决议和财务会计报告；第二层次为会计账簿；第三层次为会计凭证；第四层次为其他文件，主要包括合同文件、出资证明、借款收据等。其中，第一、二层次有明确的立法规定，但第三、四层次无明文规定，目前的立法及司法解释均没有将会计凭证列为明确的查阅范围。

目前，在公司实务和司法实践中，对于股东知情权查阅范围是否包含会计凭证争议较大，各地司法适用不一致。就股东知情权查阅范围是否包含会计凭证问题，在中国裁判文书网中查询到的案例显示，东部地区法院总体上均支持会计凭证属于股东知情权查阅范围，中西部地区一部分裁决不支持会计凭证属于股东知情权查阅范围。

回到本案之中，文某第二项诉请是否应包含相应会计凭证、原始凭证，就属于存在争议的事项。在缺乏明确的法律依据之下，既要保障股东行使合理知情权，又要保护公司利益及财务秘密不受侵害，平衡股东个人和公司之间的权益，积极又谨慎地支持股东行使知情权，既不能肆意扩张文某股东知情权的范围，也不能阻止股东行使合法的知情权。

五、律师建议

随着市场经济的日益发展，在现下实务工作中，越来越多的自然人股东通过提起股东知情权之诉以维护自己的合法权益。这类自然人股东中，有限责任公司的小股东占据了较大的比例。比较常见的是，虽同为公司的股东，但往往小股东是不参与公司的日常经营管理，也无法掌握公司真实的经营情况，一旦产生相应纠纷，小股东往往面临着维权难、收集证据难的境况。

从律师个人的角度来说，处于劣势的公司小股东，可以合理利用好《公司法》第三十三条规定的股东知情权这把"利器"，先查清公司账目，再作下一步维权，打一场"有准备的仗"。也就是说，先通过行使股东知情权，查阅、复制公司相应的章程、股东会会议记录、董事会会议决议、监事会会议决议、财务会计报告，查阅会计账簿等，从而掌握公司的实际经营情况，为下一步解决纠纷提前做好证据的收集、整理。

值得注意的是，《公司法》虽然明确规定了股东可以行使知情权，但仍然有相应的限制条件。并且在实务中，部分地区的法院出于保护公司正常经营的目的，可能会对股东行权范围、限度会不同程度加以约束，律师在此作出如下几点提示：

1. 前置程序。股东行权前，应当向公司提出书面请求，说明查阅目的。

2. 查阅目的的正当性。股东行使知情权的目的应当正当，不得损害公司的合法权益，不得泄密、通报或用于不当用途等。

3. 自营或兼营竞争关系公司的情况。如股东同时为其他存在竞争关系公司的股东，且股东无法对行权目的、可能产生的不利影响等作出合理解释的，法官可能会对支持查阅的范围作出一定的约束或限制，以保护公司的利益。

综上所述，根据《公司法》相关规定，公司股东行使股东知情权应当符合法律规定，依法提出相应书面请求，穷尽内部救济手段后再行提起知情权之诉。并且，行权目的应当正当，查阅、复制的事项应当明确，不得存在危害公司利益的情况。同时，如股东本身有自营或兼营存在竞争关系的公司，或作持股股东的情况，行权时可能会受一定限制。但总体上说，《公司法》及其他相关规定对于股东知情权的明确约定，仍然有效地为公司股东查阅、复制公司资料、了解公司经营状况提供了有效的行权渠道，也在股东与公司之间的纠纷中，更好地保障了处于弱势一方的股东的合法权益。

六、法律法规依据

1.《公司法》（2018 年修订）第四条 公司股东依法享有资产收益、参与重大决策和选择管理者等权利。

2.《公司法》（2023 年修订）第四条第二款 公司股东对公司依法享有资产收益、参与重大决策和选择管理者等权利。

3.《公司法》（2018 年修订）第三十三条 股东有权查阅、复制公司章程、股东会会议记录、董事会会议决议、监事会会议决议和财务会计报告。

股东可以要求查阅公司会计账簿。股东要求查阅公司会计账簿的，应当向公司提出书面请求，说明目的。公司有合理根据认为股东查阅会计账簿有不正当目的，可能损害公司合法权益的，可以拒绝提供查阅，并应当自股东提出书面请求之日起十五日内书面答复股东并说明理由。公司拒绝提供查阅的，股东可以请求人民法院要求公司提供查阅。

4.《公司法》（2023 年修订）第五十七条 股东有权查阅、复制公司章程、股东名册、股东会会议记录、董事会会议决议、监事会会议决议和财务会计报告。

股东可以要求查阅公司会计账簿、会计凭证。股东要求查阅公司会计账簿、会计凭证的，应当向公司提出书面请求，说明目的。公司有合理根据认为股东查阅会计账簿、会计凭证有不正当目的，可能损害公司合法利益的，可以拒绝提供查阅，并应当自股东提出书面请求之日起十五日内书面答复股东并说明理由。公司拒绝提供查阅的，股东可以向人民法院提起诉讼。

股东查阅前款规定的材料，可以委托会计师事务所、律师事务所等中介机构进行。

股东及其委托的会计师事务所、律师事务所等中介机构查阅、复制有关材料，应当遵守有关保护国家秘密、商业秘密、个人隐私、个人信息等法律、行政法规的规定。

股东要求查阅、复制公司全资子公司相关材料的，适用前四款的规定。

5.《会计法》第十五条 会计账簿登记，必须以经过审核的会计凭证为依据，并符合有关法律、行政法规和国家统一的会计制度的规定。会计账簿包括总账、明细账、日记账和其他辅助性账簿。

会计账簿应当按照连续编号的页码顺序登记。会计账簿记录发生错误或者隔页、缺号、跳行的，应当按照国家统一的会计制度规定的方法更正，并由会计人员和会计机构负责人（会计主管人员）在更正处盖章。

使用电子计算机进行会计核算的，其会计账簿的登记、更正，应当符合国家统一的会计制度的规定。

6.《最高人民法院关于适用〈中华人民共和国公司法〉若干问题的规定（四）》第十条 人民法院审理股东请求查阅或者复制公司特定文件材料的案件，对原告诉讼请求予以支持的，应当在判决中明确查阅或者复制公司特定文件材料的时间、地点和特定文件材料的名录。

股东依据人民法院生效判决查阅公司文件材料的，在该股东在场的情况下，可以由会计师、律师等依法或者依据执业行为规范负有保密义务的中介机构执业人员辅助进行。

案由 请求公司收购股份纠纷

某有限合伙诉某商贸公司、李某、于某兰请求公司收购股份纠纷再审案

蒋欣颖[*]

一、案情简介

2010年10月10日,某商贸公司(目标公司、被告)、李某(被告)、于某兰(被告)和某有限合伙(原告)共同签订《某有限合伙投资某商贸公司协议》。该协议记载:某商贸公司注册资本1300万元,李某(某商贸公司股东)认缴700万元,持股比例53.58%,于某兰(某商贸公司股东)认缴600万元,持股比例46.15%,某有限合伙投资3000万元现金。某商贸公司及其董事会同意接受某有限合伙的现金投资成为股东。某商贸公司拟于2013年开始上市材料申报工作,争取于2013年完成上市进程。2010年12月10日,李某、于某兰和某有限合伙共同签订《某商贸公司增资协议书》。该协议记载:各方同意,李某、于某兰以夫妻共有价值900万元房产认购新增注册资本900万元,某有限合伙投入现金3000万元成为持股20%的股东。调整后股权结构为:李某认缴出资1150万元,持股41.82%,于某兰认缴出资1050万元,持股38.18%,某有限合伙认缴550万元,持股20%。某有限合伙其余投资款2450万元,作为某商贸公司的资本公积金。某商贸公司2011年1月20日章程记载,公司注册资本为2750万元。2012年3月30日,某商贸公司和某有

---

[*] 蒋欣颖(1998年8月—),女,四川精伦律师事务所专职律师,曾于成都市青羊区人民法院担任法官助理。

限合伙签订《协议书1》。该协议记载：鉴于某有限合伙于2011年出资3000万元参股某商贸公司，双方共同追求的目标是某商贸公司改制上市，如不能完成上市，则双方无条件同意，以"投资额3000万元为基数，以2011年1月1日为始点，以年利率10％为标准"，由某商贸公司全额收购某有限合伙投资的某商贸公司股权。2017年12月15日，某商贸公司、某有限合伙、某投资公司、刘某明共同签订《协议书2》。该协议记载：（1）某商贸公司同意在2017年12月31日前向某有限合伙退还某投资公司（有限合伙的LP投资人）投资款（1250万元）和刘某明（有限合伙的LP投资人）投资款（1000万元）至某有限合伙账户；（2）如某商贸公司按时退还前述2250万元投资款，某投资公司、刘某明同意放弃2250万元投资款对应的利息；（3）作为补偿，某商贸公司同意自2018年开始每年向某投资公司、刘某明提供100万元海参，累计提供7年至2024年；（4）本协议经四方签字确认生效。

某有限合伙于2011年2月10日前分5笔向某商贸公司共计支付4300万元。2011年1月31日，某商贸公司向某有限合伙支付1300万元。截至2011年2月10日，某有限合伙参股某商贸公司的3000万元出资款已全部履行完毕。

现某商贸公司未如约上市，某有限合伙遂以某商贸公司违反2012年3月30日签订的《协议书1》为由提起诉讼，请求某商贸公司、李某、于某兰返还2250万元股权收购款；某商贸公司收购某有限合伙持有的公司全部20％的股份。

案涉一审、二审法院均以某有限合伙主张某商贸公司回购股权不符合公司章程和《公司法》（2018年修订，本案例下同）第七十四条规定为由，驳回了某有限合伙的诉讼请求。某有限合伙不服二审法院所作的民事判决，以"法律并未禁止公司在《公司法》第七十四条所列举的三种情形之外，收购本公司的股权，案涉股权回购，并不违反任何法律禁止性规定，系当事人意思自治的体现，司法实践也并不排斥公司与股东之间的股权回购，应该受到法律保护"为由，申请再审。

二、法院判决

一审法院判决驳回某有限合伙全部诉讼请求。
二审驳回上诉，维持原判。
再审法院判决：（1）撤销辽宁省高级人民法院××号民事判决（二审）、

辽宁省大连市中级人民法院××号民事判决（一审）。（2）李某、于某兰于判决生效之日起十日内向某有限合伙共同返还2250万元股权收购款。（3）李某、于某兰于判决生效之日起十日内向某有限合伙共同支付股权收购款利息（以2250万元为基数，自2018年1月1日起至2019年8月19日止，按照中国人民银行同期同类贷款基准利率计算；自2019年8月20日起至本判决确定给付之日止，按照同期全国银行间同业拆借中心公布的贷款市场报价利率计算）。（4）驳回某有限合伙的其他诉讼请求。

三、判决理由

案涉2012年3月30日签订的《协议书1》系某商贸公司与某有限合伙关于某商贸公司不能完成上市时，某商贸公司全额收购某有限合伙持有的某商贸公司股权事宜的约定。2017年12月15日签订的《协议书2》系某商贸公司及其股东李某、于某兰与某有限合伙、某投资公司、刘某明关于退还某有限合伙投资款事宜的约定。某商贸公司及其股东李某、于某兰对两份协议的真实性没有异议。

诉讼中，某商贸公司主张上述协议的签订并非其真实意思表示，同时主张某有限合伙违反《公司法》第二十条规定滥用股东权利，但并未具体举证证明其主张，因此某商贸公司及其股东李某、于某兰的相应主张不应被支持。另外，案涉两份协议书，也不存在《合同法》第五十二条规定的合同无效事由。综上，案涉该两份协议书应系当事人真实意思表示，并不具备法定无效事由，为合法有效的约定。

依照《公司法》第三十五条和第三十七条第一款第七项之规定，有限责任公司注册资本确定后，未经法定程序，不得随意减少或抽回。《公司法》第七十四条第一款规定："有下列情形之一的，对股东会该项决议投反对票的股东，可以请求公司按照合理的价格收购其股权：（一）公司连续五年不向股东分配利润，而公司该五年连续盈利，并且符合本法规定的分配利润条件的；……（三）公司章程规定的营业期限届满或者章程规定的其他解散事由出现，股东会会议通过决议修改章程使公司存续的。"某商贸公司2011年1月20日的章程亦有相同内容的约定。

原审法院查明，某有限合伙于2010年12月10日与李某、于某兰共同签订《某商贸公司增资协议书》，约定某有限合伙投入现金3000万元成为某商贸公司持股20%的股东；2012年3月30日某商贸公司与某有限合伙签订的《协议书1》约定，如某商贸公司不能上市，以"投资额3000万元为基数，以2011年1月1日为始点，以年利率10％为标准"，由某商贸公司全额收购某有限合伙所投资的某商贸公司股权。尽管2012年3月30日的《协议书1》是双方当事人的真实意思表示，但协议中关于某商贸公司回购股份的约定不属于《公司法》第七十四条和某商贸公司章程所列举的情形，不符合《公司法》关于资本维持的基本原则，某有限合伙请求某商贸公司收购其股权的条件并不具备。因此，判决不予支持某有限合伙要求某商贸公司按约定价格收购其20％股份的诉讼请求，并无不当。

四、案例解析

公司有效资本是维持公司正常运营，获得持续盈利能力，保障债权人利益的基础。因此，我国采取严格的公司资本维持制度，指公司在其存续过程中，应当维持与其资本额相当的实有财产。本案中，目标公司是否应按约回购投资方所持的公司股份，主要涉及以下两个焦点问题：

（一）2012年3月30日签订的《协议书1》效力认定

案涉《协议书1》约定了投资方行使股权回购权的触发条件，即"目标公司未能如约上市"。当条件达成时，投资方选择通过行使回购权，退出目标公司以控制投资风险。《全国法院民商事审判工作会议纪要》以"既要坚持鼓励投资方对实体企业特别是科技创新企业投资原则，从而在一定程度上缓解企业融资难问题，又要贯彻资本维持原则和保护债权人合法权益原则，依法平衡投资方、公司债权人、公司之间的利益"为出发点，对"对赌协议"的效力进行了认定，即当投资方与目标公司订立的"对赌协议"不存在法定无效事由的情况下，目标公司仅以存在股权回购或者金钱补偿的约定为由，主张"对赌协议"无效的，人民法院不予支持。案涉《协议书1》系当事人的真实意思表示，内容并不具有法定无效情形，因此《协议书1》为合法有效的约定。

（二）目标公司是否应当承担股权回购责任

《公司法》第七十四条严格规定了有限责任公司能够收购本公司股权的情形。通常，投资方选定目标公司进行投资的理由，是信赖和预期其在未来能够通过上市或实现高额利润等情形，而后投资方获得较高的收益回报之后顺利退出。因此，在目标公司无法实现协议所约定的相应条件时，投资方则会通过行使回购权以规避风险。《全国法院民商事审判工作会议纪要》虽认可了"对赌协议"的效力,但明确了当投资方实际履行时,人民法院应当根据《公司法》第三十五条关于"股东不得抽逃出资"或第一百四十二条关于股份回购的强制性规定进行审查。经审查,目标公司未完成减资程序的,人民法院应当驳回投资方的诉讼请求。因此,最高人民法院遵循《公司法》关于资本维持的基本原则,依照《公司法》第三十五条、第七十四条之规定,不予支持投资方要求目标公司按约定价格收购其股份的诉讼请求,适用法律正确。

五、律师建议

在司法实践中,人民法院在审理"对赌协议"纠纷案件时,既要适用《民法典》的相关规定,还要适用《公司法》的相关规定,主要存在以下两个问题:

(一)股权回购协议的效力

1. 对于投资方与目标公司的股东或者实际控制人订立的"对赌协议",如无其他无效事由,应认定有效并支持实际履行,实践中并无争议。

2. 对于投资方与目标公司订立的"对赌协议",在不存在法定无效事由的情况下,目标公司仅以存在股权回购或者金钱补偿的约定为由主张"对赌协议"无效的,人民法院不予支持。

因此在实践中,投资方应当尽可能同目标公司股东或实际控制人签订"对赌协议",以保障协议效力。

(二)股权回购的实际履行

在司法实践中,目前虽支持在法定无效事由下,投资方与目标公司签订的"对赌协议"有效这一观点,但实际履行时,往往因为目标公司未履行减资程序而难以落实股权回购事项。投资方请求目标公司回购股权的,《全国法院民商事审判工作会议纪要》第五条规定:"经审查,目标公司未完成减资程序的,人民法院应当驳回其诉讼请求。"公司回购股权需经减资程序,即经三分之二以上表决权股东通过、按规定通知和公告债权人等程序。因此,投资方应当在协议书中明确约定目标公司减资相关事宜,当触发股权回购条件时,能有更高效率的退出路径。

综上,股权回购协议有效,并不意味着股权回购能够直接被落实,投资方应了解相关履行程序，在股权回购事项被触发时，才能有效实现回购权。

六、法律法规依据

1.《公司法》（2018 年修订）第三十五条　公司成立后，股东不得抽逃出资。

2.《公司法》（2023 年修订）第五十三条　公司成立后，股东不得抽逃出资。

违反前款规定的，股东应当返还抽逃的出资；给公司造成损失的，负有责任的董事、监事、高级管理人员应当与该股东承担连带赔偿责任。

3.《公司法》（2018 年修订）第七十四条　有下列情形之一的，对股东会该项决议投反对票的股东可以请求公司按照合理的价格收购其股权：

（一）公司连续五年不向股东分配利润，而公司该五年连续盈利，并且符合本法规定的分配利润条件的；

（二）公司合并、分立、转让主要财产的；

（三）公司章程规定的营业期限届满或者章程规定的其他解散事由出现，股东会会议通过决议修改章程使公司存续的。

自股东会会议决议通过之日起六十日内，股东与公司不能达成股权收购协议的，股东可以自股东会会议决议通过之日起九十日内向人民法院提起诉讼。

4.《公司法》（2023 年修订）第八十九条　有下列情形之一的，对股东会该项决议投反对票的股东可以请求公司按照合理的价格收购其股权：

（一）公司连续五年不向股东分配利润，而公司该五年连续盈利，并且符合本法规定的分配利润条件；

（二）公司合并、分立、转让主要财产；

（三）公司章程规定的营业期限届满或者章程规定的其他解散事由出现，股东会通过决议修改章程使公司存续。

自股东会决议作出之日起六十日内，股东与公司不能达成股权收购协议的，股东可以自股东会决议作出之日起九十日内向人民法院提起诉讼。

公司的控股股东滥用股东权利，严重损害公司或者其他股东利益的，其他股东有权请求公司按照合理的价格收购其股权。

公司因本条第一款、第三款规定的情形收购的本公司股权，应当在六个月内依法转让或者注销。

5.《公司法》（2018 年修订）第一百四十二条第一款　公司不得收购本公

司股份。但是，有下列情形之一的除外：

（一）减少公司注册资本；

（二）与持有本公司股份的其他公司合并；

（三）将股份用于员工持股计划或者股权激励；

（四）股东因对股东大会作出的公司合并、分立决议持异议，要求公司收购其股份；

（五）将股份用于转换上市公司发行的可转换为股票的公司债券；

（六）上市公司为维护公司价值及股东权益所必需。

6.《公司法》（2023年修订）第一百六十二条第一款 公司不得收购本公司股份。但是，有下列情形之一的除外：

（一）减少公司注册资本；

（二）与持有本公司股份的其他公司合并；

（三）将股份用于员工持股计划或者股权激励；

（四）股东因对股东会作出的公司合并、分立决议持异议，要求公司收购其股份；

（五）将股份用于转换公司发行的可转换为股票的公司债券；

（六）上市公司为维护公司价值及股东权益所必需。

7.《全国法院民商事审判工作会议纪要》第五条

投资方与目标公司订立的"对赌协议"在不存在法定无效事由的情况下，目标公司仅以存在股权回购或者金钱补偿约定为由，主张"对赌协议"无效的，人民法院不予支持，但投资方主张实际履行的，人民法院应当审查是否符合公司法关于"股东不得抽逃出资"及股份回购的强制性规定，判决是否支持其诉讼请求。

投资方请求目标公司回购股权的，人民法院应当依据《公司法》第三十五条关于"股东不得抽逃出资"或者第一百四十二条关于股份回购的强制性规定进行审查。经审查，目标公司未完成减资程序的，人民法院应当驳回其诉讼请求。

投资方请求目标公司承担金钱补偿义务的，人民法院应当依据《公司法》第三十五条关于"股东不得抽逃出资"和第一百六十六条关于利润分配的强制性规定进行审查。经审查，目标公司没有利润或者虽有利润但不足以补偿投资方的，人民法院应当驳回或者部分支持其诉讼请求。今后目标公司有利润时，投资方还可以依据该事实另行提起诉讼。

案由 股权转让纠纷

某公司诉某财政局股权转让纠纷案

蒋欣颖[*]

一、案情简介

上诉人（原审原告）：某公司。
法定代表人：杨某琼，该公司董事长。
上诉人（原审被告）：某财政局。
法定代表人：张某强，该局局长。

2011年11月29日，某财政局委托某产权交易所将某财政局所持的某银行国有股权出让信息登记并挂牌公布。

2011年12月30日，在某产权交易所网站上对某财政局转让其所持的某银行国有股权及股份转让明细、转让价格等内容进行转让挂牌公告。

2012年2月24日，某集团代表四家公司（含某公司）向某财政局支付了4848万元股权转让保证金（含本案某公司应支付的1350万元）。

2012年3月21日，某公司向某产权交易所提交了挂牌公告中要求提交的材料。

2012年3月28日，某公司摘牌涉案某财政局所持的某银行2.25亿股股权，转让价格为每股2元。

---

[*] 蒋欣颖（1998年8月— ），女，四川精伦律师事务所专职律师，曾于成都市青羊区人民法院担任法官助理。

2012年3月29日，某产权交易所向某公司发出《意向受让受理通知书》，表明经与股权转让方共同审核，认为某公司符合意向受让资格，予以受理。

2012年3月30日，某公司向某产权交易所交纳保证金1650万元（含本案1350万元）。

2012年4月17日，鉴于某财政局拟转让其合法持有的某银行9.9986%即2.25亿股份，转让方某财政局与受让方某公司签订《股份转让合同书》。

2012年6月，某银行向中国银行业监督管理委员会某监管分局报送了《关于某公司等2家企业受让持股某银行股东资格审查的请求》，并附有申请材料目录清单。

2012年6月12日，中国银行业监督管理委员会某监管分局向某银监局报送了《关于某银行2012年度股东变更情况的监管意见》，该意见载明："某银监局：……截至目前，某银行股本总额为250 035万元，其中国家股及国有法人股144 800万元，占总股本57.91%；企业法人股97 280.55万元，占总股本38.91%；个人股7954.85万元，占总股本3.18%。某银行本次股东变更股份共计33 300万股，其中某财政局转让24 300万股，受让方分别为某公司受让22 500万股和某集团公司受让1800万股……综上所述，我局拟同意某银行此次股东变更有关行政许可事项。"

2012年7月3日，包含某公司在内的四家公司收到某产权交易所退还的扣除200万元交易费用后的4648万元摘牌保证金（含本案1294.306 93万元）。

2013年3月25日，某市××委向某集团发出《关于终止某银行国有股权受让的函》，表明经银监部门反馈，包含某公司在内的四家公司存在关联交易，该股权受让事项不会经过审批。

2013年3月27日，某市××委向某产权交易所发出《关于终止某银行国有股权转让的函》。

2013年3月26日，中国银行业监督管理委员会某监管局向某银行发出《行政许可事项不予受理通知书》，表明某银行报送的《关于某公司等2家企业受让持股某银行股东资格审查的请求》，由于某银行未于规定期限内提交补正申请材料，该行政许可事项不予以受理。

2013年4月11日，某集团代表某公司发出回复函，表明已收悉终止某银行股权转让项目的来函，希望获得银监局的正式通知，如无正式文件，根据与某财政局签订的《股份转让合同书》，在未发生约定的合同终止条件时，应继续履约，如任何一方单方擅自终止合同，属违约行为并承担违约责任。

2013年6月6日，某财政局向某产权交易所发出《关于终止某银行国有股权转让的函》，表明因与最初转让价格相比发生了重大变化，根据相关规定，决定终止本次某银行国家股及国有法人股的转让。

2012年6月12日，某公司致函某产权交易所，表明无论是否通过审批，交易费均正常交纳。

2013年6月14日，某产权交易所向四家公司（含某公司）发出《关于终止某银行国有股权转让的通知》，表明该股权转让事项历时1年多还未完成交易，根据相关规定，某财政局提出终止该交易的要求，为维护国有金融资产的合法权益，现终止某银行国有股权转让事项。

2013年10月11日，某集团代表四家公司（含某公司）向某财政局发出《关于要求返还交易保证金的函》，表明某集团代表各受让方（含某公司）向某财政局提出退还保证金及支付交易费的要求，请某财政局在接到该函之日起三日内返还4948万元（包括4848万元保证金及100万元交易费）。

2013年10月16日，某公司授权某集团代收退还保证金。同日，某公司授权方收到某财政局退还的保证金4848万元（含本案1350万元）。

2013年12月31日，某财政局在某金融资产交易所将上述股权重新挂牌转让。

2014年7月24日，某财政局将案涉股权5亿股以每股高于协议0.5元的价格，即每股2.5元转让给了某投资有限公司。

2015年5月20日，四家公司（含某公司）向某财政局发出《关于要求损失赔偿的函》，要求赔偿交易费用、应得利益、摘牌保证金利息等损失。某财政局于2015年5月26日签收该函，但未予回应。

2015年9月1日，某公司向一审法院提起本案诉讼。

二、法院判决

（一）一审判决结果

1. 某财政局在本判决发生法律效力之日起十日内赔偿某公司交易费本金人民币27.846 535万元及相应利息（自2012年3月30日起至实际给付之日止，按银行同期贷款利率支付）；

2. 某财政局在本判决发生法律效力之日起十日内赔偿某公司1350万元的保证金利息（以1350万元为基数，自2012年2月24日起至2013年10月16日止，按银行同期贷款利率支付）；

3. 某财政局在本判决发生法律效力之日起十日内赔偿某公司1294.306 93万元的保证金利息（以1294.306 93万元为基数，自2012年3月30日起至2012年7月2日止，按银行同期贷款利率支付）；

4. 驳回某公司其他诉讼请求。

（二）二审判决结果

二审法院依照《合同法》第四十二条，《民事诉讼法》第一百七十条第二项之规定，判决：

1. 维持辽宁省高级人民法院〔2015〕辽民二初字第××号民事判决第一项、第二项、第三项；

2. 撤销辽宁省高级人民法院〔2015〕辽民二初字第××号民事判决第四项；

3. 某财政局于本判决生效之日起十五日内，赔偿某公司损失1125万元；

4. 驳回某公司的其他诉讼请求。

三、判决理由

《合同法》第四十四条规定，依法成立的合同，自成立时生效。法律、行政法规规定应当办理批准、登记等手续生效的，依照其规定。《国务院办公厅关于加强国有企业产权交易管理的通知》第二条规定，地方管理的国有企业产权转让，要经地级市以上人民政府审批，其中有中央投资的，要事先征得国务院有关部门同意，属中央投资部分的产权收入归中央。中央管理的国有企业产权转让，由国务院有关部门报国务院审批。所有特大型、大型国有企业（包括地方管理的）的产权转让，报国务院审批。财政部《金融企业国有资产转让管理办法》第七条规定，金融企业国有资产转让按照统一政策、分级管理的原则，由财政部门负责监督管理。财政部门转让金融企业国有资产，应当报本级人民政府批准。政府授权投资主体转让金融企业国有资产，应当报本级财政部门批准。金融企业国有资产转让过程中，涉及政府社会公共管理和金融行业监督管理事项的，应当根据国家规定，报经政府有关部门批准。《中华人民共和国商业银行法》（以下简称《商业银行法》）第二十八条规定，任何单位和个人购买商业银行股份总额百分之五以上的，应当事先经过国务院银行业监督管理机构批准。

涉案《股份转让合同书》的转让标的为某财政局持有的某银行9.9986%

即 22 500 万股股权，系金融企业国有资产，转让股份总额已经超过某银行股份总额的 5%。依据上述规定，该合同应经有批准权的政府及金融行业监督管理部门批准方产生法律效力。因此，本案的《股份转让合同书》虽已经成立，但因未经有权机关批准，应认定其效力为未生效。

《合同法》第九十三条规定："当事人协商一致，可以解除合同。当事人可以约定一方解除合同的条件。解除合同的条件成就时，解除权人可以解除合同。"本案中，某财政局于 2013 年 6 月 6 日以国有资产明显增值为由，向某产权交易所发出《终止某银行国有股权转让的函》，某产权交易所根据该函，于 2013 年 6 月 14 日向四家公司（含某公司）发出终止某银行国有股权转让的通知。2013 年 10 月 11 日，某集团代表四家公司（含某公司）向某财政局发出《关于要求返还交易保证金的函》。该函未明示同意解除合同，但同时也并未主张继续履行合同，反而对合同解除后如何处理提出要求，即以要求返还保证金及支付交易费的方式表示同意解除合同。由此，原审判决认定双方于 2013 年 10 月 11 日达成一致解除合同，合法有据。

《中华人民共和国民法通则》（以下简称《民法通则》，已失效）第四条规定，民事活动应当遵循自愿、公平、等价有偿、诚实信用的原则。根据相关法律规定，当事人在订立合同过程中有违背诚实信用原则的行为，给对方造成损失的，应当承担损害赔偿责任。某财政局无正当理由不履行涉案合同报批义务，其行为已构成"违背诚实信用原则的行为"，应认定其存在缔约过失。某公司于 2012 年 3 月 30 日向某产权交易所交付了涉案交易费用，某财政局退还的保证金亦扣除了交易费，该费用系某公司在合同签订过程中实际财产的减损，该费用及相应利息均应由某财政局予以赔偿。某公司已向某产权交易所保证无论交易成功与否均不退还交易费，故在交易不成功的情况下，该笔交易费已经构成其损失，且是因某财政局不诚信行为导致。因此，某财政局应当承担赔偿责任。

四、案例解析

股权转让纠纷涉及的内容广泛而复杂，本案中，主要涉及以下两个焦点问题：

（一）国有股权转让的前置审批程序对合同效力的影响

实践中，为了鼓励交易，公权力应尽量避免对私权利的干预，但对于一些涉及国家及公共利益的合同，有必要在双方当事人合意之外，将审批程序作为生效条件，管控此类合约所产生的影响，加强国家对民事合约的管制，防止国有资产流失。行政审批是形式审查，只审核合约是否违反国家相关政策，并不会对合约内容进行实质性审查，通过审批程序的合约也并非当然生效，而对于未经过审批的合约，在实践中目前存在有效、无效、未生效三种观点。本案法院认定其为未生效合同。需要注意的是，未生效并不等同于无效，涉案的《股份转让合同书》已经具备合同生效必要条件，仅是因为未履行相应的审批程序，因此在合同成就前，无法产生请求合同相对方履行主要权利义务的法律效力。

（二）终止股权转让的赔偿问题

民事主体在从事民事活动时，应当遵循诚信原则，秉持诚实，恪守承诺，若存在缔约过失，则应承担相应责任。缔约过失责任制度是实现诚实守信这一民法基本原则的具体保障。通过要求缔约过失责任人承担损害赔偿责任，填补善意相对人信赖利益损失，以敦促各类民事主体善良行事，恪守承诺。本案中，某财政局作为政府部门，更应该践行诚实信用价值观念，有约必守，在涉案《股份转让合同书》签订之后，应该积极履行报批义务。但某财政局却一直未按照银监部门的要求提交相应材料，导致银监部门对相关行政许可事项不予受理，还将涉案股权在很短时间内另行高价出售，足以表明某财政局存在主观恶意。因此，某财政局应当承担相应赔偿责任。

五、律师建议

涉及国有股权转让的案件，必定会存在前置审批程序，而未积极履行或未积极配合履行的当事人都应承担缔约过失责任。虽然在实践中，存在出让方消极不履行时，受让方申请代为履行审批程序的情况，但在此种情况下，审批机关极有可能因受让方不具有报批义务而拒绝配合，导致审批流程停滞；若审批机关同意配合，则会在司法实务中让更多的出让方消极承担义务，不利于交易的实现。

在实践中，对于未履行审批程序的合同，法院往往会认定该合同未生效，此时，若受让方仍希望继续履行合同，则应提出需要出让方履行报批义务的诉讼请求，由法院通过判决督促出让方积极行使权利；若出现受让方不希望继续履行合同或未通过审批、出让方拒绝继续履行合同的情况，此时受让方可以请求解除合同，并主张出让方承担相应赔偿责任。

六、法律法规依据

1.《民法典》第五百零二条 依法成立的合同，自成立时生效，但是法律另有规定或者当事人另有约定的除外。

依照法律、行政法规的规定，合同应当办理批准等手续的，依照其规定。未办理批准等手续影响合同生效的，不影响合同中履行报批等义务条款以及相关条款的效力。应当办理申请批准等手续的当事人未履行义务的，对方可以请求其承担违反该义务的责任。

依照法律、行政法规的规定，合同的变更、转让、解除等情形应当办理批准等手续的，适用前款规定。

2.《民法典》第五百六十二条 当事人协商一致，可以解除合同。

当事人可以约定一方解除合同的事由。解除合同的事由发生时，解除权人可以解除合同。

3.《金融企业国有资产转让管理办法》第七条 金融企业国有资产转让按照统一政策、分级管理的原则，由财政部门负责监督管理。财政部门转让金融企业国有资产，应当报本级人民政府批准。政府授权投资主体转让金融企业国有资产，应当报本级财政部门批准。

金融企业国有资产转让过程中，涉及政府社会公共管理和金融行业监督管理事项的，应当根据国家规定，报经政府有关部门批准。

以境外投资人为受让方的，应当符合国家有关外商投资的监督管理规定，由转让方按照有关规定报经政府有关部门批准。

4.《民法典》第五条 民事主体从事民事活动，应当遵循自愿原则，按照自己的意思设立、变更、终止民事法律关系。

第六条 民事主体从事民事活动，应当遵循公平原则，合理确定各方的权利和义务。

第七条 民事主体从事民事活动，应当遵循诚信原则，秉持诚实，恪守承诺。

5.《商业银行法》第二十八条 任何单位和个人购买商业银行股份总额百分之五以上的，应当事先经国务院银行业监督管理机构批准。

案由 公司决议效力确认纠纷

叶某与浙江青某仪表集团股份有限公司公司决议效力确认纠纷案

何 川[*]

一、案情简介

浙江青某仪表集团股份有限公司原名为浙江青某仪表厂，2015年4月16日变更名称为浙江青某仪表有限公司，2015年5月6日又变更名称为浙江青某仪表集团股份有限公司（以下简称青某仪表）。青某仪表原属集体所有制企业。1999年，青某仪表改制为股份合作制企业，注册资金为1000万元。2003年5月9日，青某仪表召开股东大会并通过增资扩股决议，决定其注册资本从1000万元增资为2100万元，其中叶某占40股，投资120万元，比例为5.7143%，上述增资扩股行为已经工商登记。

2009年7月8日，叶某经浙江青某仪表董事会同意，辞去董事职务，并于当月离开青某仪表。董事会作出部分决议，决定收回叶某股份、股金、股息，将收归企业的叶某股份转让给其他股东。2014年4月1日，青某仪表召开董事会，作出决定：将叶某股份按2008年青某仪表在工商备案的资产负债表所列"所有者权益"确定每股股价为106 349.13元，乘以40股，计得总股价为4 253 965.2元；2009年1月1日至2009年7月8日，按银行利率计算利息33 099元，股价、股息合计4 287 064.2元。2014年12月4日，青某仪表再次作出董事会决议决定：（1）同意将叶某在工商登记的120万元（占比

---

[*] 何川（1989年3月— ），男，四川精伦律师事务所专职律师、合伙人。

2.31%）股份作价 4 253 965.2 元加利息 33 099 元，合计 4 287 064.2 元收归企业法人股，由企业法人股转让给洪某斌等 9 位股东。（2）同意修改章程。

2015 年 1 月 5 日，青某仪表对投资人进行变更登记，叶某不在投资人名册内。2015 年 4 月 16 日，青某仪表将企业类型股份合作制变更为私营有限责任公司，并变更名称为浙江青某仪表有限公司。2015 年 5 月 6 日又变更名称为浙江青某仪表集团股份有限公司。

原告叶某起诉请求：（1）请求确认青某仪表 2014 年 4 月 1 日、2014 年 12 月 4 日作出的董事会决议无效；（2）请求判令青某仪表向登记机关申请撤销变更登记；（3）请求青某仪表赔偿叶某因未能体现其股东身份的损失 5000 万元。

二、裁判结果

最高人民法院于 2019 年 5 月 24 日作出××号民事判决书，判决：（1）撤销浙江省高级人民法院××号民事判决及浙江省温州市中级人民法院××号民事判决；（2）确认浙江青某仪表 2014 年 4 月 1 日和 2014 年 12 月 4 日董事会决议中关于决定收回叶某股份、股金、股息以及将叶某股份收归企业的内容无效；（3）驳回叶某其他诉讼请求。

三、判决理由

1. 青某仪表与叶某之间围绕股东资格的纠纷虽延续至今，但争议事件均发生于 2015 年 4 月 16 日之前，此时青某仪表系股份合作制企业，故对双方权利义务的确定应适用当时合法有效的与股份合作制企业有关的法律法规及相关规定。股份合作制企业并非《公司法》意义上的公司，其章程作为企业的宪章，对全体发起人、董事、监事、高级管理人员及企业本身具有约束力。基于民事主体意思自治原则，在企业章程已经作出规定且不违反法律、行政法规强制性规定的情况下，股东、董事、监事、高级管理人员以及企业之间权利义务关系的确定应首先依据章程的规定；章程没有规定或者规定不明确的，应适用当时有效的有关股份合作制企业的相关规定；当时关于股份合作制企业的规定不明确或者没有规定，可参照适用《公司法》的有关规定。

2. 青某仪表 2012 年章程对叶某不产生效力，案涉两份董事会决议部分内容应属无效。

自无，2009 年 7 月 8 日，叶某离开青某仪表。2012 年 7 月 28 日青某仪表修改章程时，已在叶某离职之后。青某仪表尽管陈述曾通知叶某参会，但并没有提供合法有效证据予以证实，叶某也不认可收到参与2012年章程修改的通知，并没有实际参与该章程的修改。

其次，2012年7月28日青某仪表修改章程时，叶某的股东身份已经丧失，故2012年7月28日修正后的章程对叶某不产生效力，青某仪表依据该修正后的章程作出的董事会决议对叶某亦不产生效力。

最后，案涉两份董事会决议部分内容侵害叶某合法权益，应属无效。故案涉两份董事会决议中关于无偿收回叶某股份、股金、股息以及将叶某股份收归企业（法人股）的内容，因侵害叶某合法财产权益、缺乏章程和事实依据，应属无效。

3. 鉴于叶某已经于2012年7月23日丧失青某仪表股东身份，叶某请求青某仪表向登记机关撤销变更登记并赔偿因未体现其股东身份的损失5000万元，缺乏相应的事实和法律依据，法院不予支持。

四、案例解析

本案原告起诉要求青某仪表2014年4月1日、2014年12月4日作出的董事会决议无效的法律依据是《公司法》（2018年修订，本案例下同）明确规定股东会或者股东大会、董事会的决议内容违反法律、行政法规的无效。就本案而言，法院最终判决确认浙江青某仪表集团股份有限公司2014年4月1日和2014年12月4日董事会决议中，关于决定收回叶某股份、股金、股息以及将叶某股份收归企业的内容无效，而没有按原告诉请的要求，判决两份董事会决议有效，就是因为法院只是认为两份董事会决议内容中仅有就涉及无偿收回叶某股份、股金、股息以及将叶某股份收归企业（法人股）的内容，因侵害叶某合法财产权益、缺乏章程和事实依据违反了法律法规，应属无效。本条款适用范围限定在股东会或者股东大会、董事会的内容违法，对于内容以外的召集、召开、表决等程序问题是否有瑕疵或者违法不在其适用范围之内。

对于确认决议无效的后果，根据《最高人民法院关于适用〈中华人民共和国公司法〉若干问题的规定（四）》第六条规定："股东会或者股东大会、董事会决议被人民法院判决确认无效或者撤销的，公司依据该决议与善意相对人形成的民事法律关系不受影响。"

五、律师建议

公司在作出股东会、董事会决议时不仅要严格遵守《公司法》及公司章程的相关程序规定，还要注意决议内容应当符合法律规定，如果决议内容违法将导致决议被认定无效，同时决议内容不得侵害他人的合法权益。

《最高人民法院关于适用〈中华人民共和国公司法〉若干问题的规定（四）》第五条规定了主张公司决议不成立的条件：（1）公司未召开会议的，但依据《公司法》第三十七条第二款或者公司章程规定可以不召开股东会或者股东大会而直接作出决定，并由全体股东在决定文件上签名、盖章的除外；（2）会议未对决议事项进行表决的；（3）出席会议的人数或者股东所持表决权不符合《公司法》或者公司章程规定的；（4）会议的表决结果未达到《公司法》或者公司章程规定的通过比例的；（5）导致决议不成立的其他情形。对公司决议的效力问题引起的争议应当根据决议的形成程序、内容来决定起诉的诉讼主张。

还应当注意原告的诉讼主体资格，《最高人民法院关于适用〈中华人民共和国公司法〉若干问题的规定（四）》第一条规定："公司股东、董事、监事等请求确认股东会或者股东大会、董事会决议无效或者不成立的，人民法院应当依法予以受理。"该规定补充明确了有权起诉的适格原告的范围是公司股东、董事、监事。但是法律及司法解释对于增加了一个"等"字没有作明确规定，作者认为，这里还具有诉权的应该是与争议决议有利害关系的人，如公司高级管理人员、员工。如果公司作出的决议内容违反法律法规，且侵害到其合法权益则也应当具有提起公司决议效力纠纷的诉权。

六、法律法规依据

1.《民法典》第八十五条 营利法人的权力机构、执行机构作出决议的会议召集程序、表决方式违反法律、行政法规、法人章程，或者决议内容违反法人章程的，营利法人的出资人可以请求人民法院撤销该决议。但是，营利法人依据该决议与善意相对人形成的民事法律关系不受影响。

2.《公司法》（2018年修订）第二十二条第一款 公司股东会或者股东大会、董事会的决议内容违反法律、行政法规的无效。

3.《公司法》（2023年修订）第二十五条 公司股东会、董事会的决议内容违反法律、行政法规的无效。

4.《最高人民法院关于适用〈中华人民共和国公司法〉若干问题的规定（四）》第一条 公司股东、董事、监事等请求确认股东会或者股东大会、董事会决议无效或者不成立的，人民法院应当依法予以受理。

5.《最高人民法院关于适用〈中华人民共和国公司法〉若干问题的规定（四）》第五条 股东会或者股东大会、董事会决议存在下列情形之一，当事人主张决议不成立的，人民法院应当予以支持：

（一）公司未召开会议的，但依据公司法第三十七条第二款或者公司章程规定可以不召开股东会或者股东大会而直接作出决定，并由全体股东在决定文件上签名、盖章的除外；

（二）会议未对决议事项进行表决的；

（三）出席会议的人数或者股东所持表决权不符合公司法或者公司章程规定的；

（四）会议的表决结果未达到公司法或者公司章程规定的通过比例的；

（五）导致决议不成立的其他情形。

6.《最高人民法院关于适用〈中华人民共和国公司法〉若干问题的规定（四）》第六条 股东会或者股东大会、董事会决议被人民法院判决确认无效或者撤销的，公司依据该决议与善意相对人形成的民事法律关系不受影响。

案由 公司决议撤销纠纷

中世珠某（北京）科技有限公司与中世碧某（北京）科技有限公司公司决议撤销纠纷案

何 川[*]

一、案情简介

中世珠某（北京）科技有限公司（以下简称"珠某公司"）股东持股情况：东方某某集团有限公司持股41%，烟台某某投资中心（有限合伙）持股15.58%，被告中世碧某（北京）科技有限公司（以下简称"碧某公司"）持股12.495%，某某（重庆）科技合伙企业（有限合伙）持股12.495%，珠海市香某科技股份有限公司持股10%，王某持股5%，盛夏汇某（珠海）科技发展合伙企业（有限合伙）持股3.43%。珠某公司董事会成员：孙某庆（董事长）、徐某、王某、于某、腾某超。

2022年2月17日，珠某公司召开股东会并形成决议，该股东会决议载明：全体股东在公司会议室召开股东会会议，会议于2022年2月1日通知全体股东到场参加会议，但股东碧某公司、盛夏汇某（珠海）科技发展合伙企业（有限合伙）、某某（重庆）科技合伙企业（有限合伙）因个人原因未能到场参加，所到场股东占公司股权71.58%，未到场股东占公司股权28.42%，应到7人，实到4人。珠某公司称以口头方式通知碧某公司参加会议，但并未提供证据予以证明。按《公司法》及公司章程的有关规定，会议形成决议如下：（1）同意免去孙某庆的董事职务。（2）同意选举孔某河为董事。

---

[*] 何川（1989年3月— ），男，四川精伦律师事务所专职律师、合伙人。

同日，珠某公司召开董事会，并形成两份决议，第一份决议为（原）董事会决议载明，公司全体董事在会议室作出如下决定：同意免去孙某庆的董事长职务，孙某庆不再担任公司法定代表人。珠某公司 5 名董事孙某庆（董事长）、徐某、王某、于某、腾某超在决议上签字。第二份决议为董事会决议载明，公司全体董事在会议室作出如下决定：同意选举孔某河为董事长，担任公司法定代表人。孔某河、徐某、王某、于某、腾某超在决议上签字。2022 年 2 月 17 日，珠某公司办理工商变更登记，董事（董事长）孙某庆变更为孔某河（董事长），法定代表人由孙某庆变更为孔某河。

原告碧某公司请求：（1）撤销珠某公司 2022 年 2 月 17 日形成的股东会决议、（原）董事会决议、董事会决议；（2）珠某公司于判决生效之日起十日内向公司登记机关申请撤销上述第一、二项变更登记。

二、法院判决

北京市第一中级人民法院于 2023 年 2 月 21 日作出××号民事判决，维持一审××号民事判决：（1）撤销珠某公司于 2022 年 2 月 17 日作出的股东会决议及董事会决议；（2）珠某公司于判决生效之日起 10 日内向工商登记机关申请撤销 2022 年 2 月 17 日的变更登记；（3）驳回碧某公司的其他诉讼请求。

三、判决理由

二审法院认为，根据《公司法》（2018 年修订，本案例下同）第二十二条第二款规定："股东会或者股东大会、董事会的会议召集程序、表决方式违反法律、行政法规或者公司章程，或者决议内容违反公司章程的，股东可以自决议作出之日起六十日内，请求人民法院撤销。"《公司法》及珠某公司章程均规定召开股东会会议，应当于会议召开 15 日前通知全体股东，珠某公司未提举相关证据证明其已提前通知了碧某公司或者公司其他股东，故法院认定案涉股东会决议违反了召集程序，属于《公司法》规定的股东会决议可撤销情形。

珠某公司主张即便违反了股东会召集程序，也仅属于轻微瑕疵，案涉相关决议不应当被撤销。对此法院认为，根据《公司法》第四条规定："公司股东依法享有资产收益、参与重大决策和选择管理者等权利。"股东的参会权、议事权和表决权属于股东的固有权利，也是股东参与公司治理的前提和基础，珠某公司召开股东会未通知股东参会，实际上剥夺了碧某公司作为股东所享有的上述权利，属于程序重大瑕疵，不应认定为程序轻微瑕疵。

综上，股东会决议因违反召集程序而应当被撤销。基于案涉股东会决议作出的董事会决议，因孔某河不具备董事资格却被选举为董事长并作为董事签字，在内容及程序上存在违反公司章程的情形，亦应当予以撤销。

四、案例解析

本案是因公司股东会召集程序违反《公司法》及公司章程，导致的股东起诉公司要求撤销对应股东会决议及因该股东会决议产生的董事会决议，所依据的是《公司法》第二十二条第二款规定："股东会或者股东大会、董事会的会议召集程序、表决方式违反法律、行政法规或者公司章程，或者决议内容违反公司章程的，股东可以自决议作出之日起六十日内，请求人民法院撤销。"本案原告碧某公司以被告珠某公司未通知其参加股东会为由，认为该次股东会召集程序违反《公司法》及珠某公司章程规定，应属于可撤销决议，而被告珠某公司无法提供证据证明其已按章程规定通知碧某公司参加股东会。故而依据《公司法》第二十二条第二款规定，法院判定该次股东会决议违反召集程序，应当被撤销。

五、律师建议

公司章程中一般对于公司股东会、董事会的召集程序、表决方式有着明确的规定，如召集人、召集方式、召集需提前的时间、表决方式等。公司在召开股东会、董事会前应当严格遵守《公司法》及公司章程的规定进行召集和表决，公司决议内容不得违反公司章程。通过检索公司决议撤销纠纷相关案例可以发现，此案由下大多数纠纷是因召集程序违反《公司法》及公司章程相关规定所引发，如未通知部分股东参会、未能提前按规定时间通知股东参会等。

当然，《最高人民法院关于适用〈中华人民共和国公司法〉若干问题的规定（四）》第四条作了"会议召集程序或者表决方式仅有轻微瑕疵，且对决议未产生实质影响的，人民法院不予支持"的规定。这也就是说，为了公司的经营效率和便利，法律允许公司股东会、董事会的召集、召开、表决程序做灵活变动。例如，公司会议的召集通知可以通过电话、短信、电子邮件等非书面方式通知；会议的召开、表决允许通过线上或者短信、电话、微信、投票系统等方式，并不必然要求每一位股东都要集中到会议现场；会议提前通知的时间可以适当地短于公司章程规定时间（但此变动的运用应当以能够保障每一位股东或董事参会的权力为前提）。以上做法虽然并不完全符合公司章程与《公司法》的明文要求，但并不有悖于《公司法》的立法原理和公司章程的精神，可以被认定是合法有效的。同时需要注意的是，公司对于会议的召集、表决不论采取何种方式，都应该做到通知记录、表决记录妥善保管留存以便需要时查阅。

在目前的司法实践中对于"轻微瑕疵"的掌握尺度尚未有明确规定，但公司在实际运用中应当掌握一个实质性的条件不能突破，就是该瑕疵不能造成对相关利益主体的权益的损害，程序瑕疵的股东会决议不得让某股东的权益实际受损，在保障股东、董事相关权益的前提下可以做适当的变更。

如果作为因可撤销决议遭受利益损害的股东，应当严格注意提起股东决议撤销纠纷诉讼的时间限制，按《公司法》第二十二条规定"自决议作出之日起六十日内，请求人民法院撤销"。该撤销权的行使要求首先原告在起诉时必须具备股东身份，起诉必须在该决议作出之日起60日内向人民法院提前诉讼，该60日为不可变期间，必须严格遵守。

六、法律法规依据

1.《民法典》第八十五条　营利法人的权力机构、执行机构作出决议的会议召集程序、表决方式违反法律、行政法规、法人章程，或者决议内容违反法人章程的，营利法人的出资人可以请求人民法院撤销该决议。但是，营利法人依据该决议与善意相对人形成的民事法律关系不受影响。

2.《公司法》（2018年修订）第二十二条第二款　股东会或者股东大会、董事会的会议召集程序、表决方式违反法律、行政法规或者公司章程，或者决议内容违反公司章程的，股东可以自决议作出之日起六十日内，请求人民法院撤销。

3.《公司法》（2023年修订）第二十六条　公司股东会、董事会的会议召集程序、表决方式违反法律、行政法规或者公司章程，或者决议内容违反公司章程的，股东自决议作出之日起六十日内，可以请求人民法院撤销。但是，股东会、董事会的会议召集程序或者表决方式仅有轻微瑕疵，对决议未产生实质影响的除外。

4.《最高人民法院关于适用〈中华人民共和国公司法〉若干问题的规定（四）》（2020修正）第二条　依据民法典第八十五条、公司法第二十二条第二款请求撤销股东会或者股东大会、董事会决议的原告，应当在起诉时具有公司股东资格。

5.《最高人民法院关于适用〈中华人民共和国公司法〉若干问题的规定（四）》（2020 修正）第四条 股东请求撤销股东会或者股东大会、董事会决议，符合民法典第八十五条、公司法第二十二条第二款规定的，人民法院应当予以支持，但会议召集程序或者表决方式仅有轻微瑕疵，且对决议未产生实质影响的，人民法院不予支持。

6.《最高人民法院关于适用〈中华人民共和国公司法〉若干问题的规定（五）》第四条 分配利润的股东会或者股东大会决议作出后，公司应当在决议载明的时间内完成利润分配。决议没有载明时间的，以公司章程规定的为准。决议、章程中均未规定时间或者时间超过一年的，公司应当自决议作出之日起一年内完成利润分配。

决议中载明的利润分配完成时间超过公司章程规定时间的，股东可以依据公司法第二十二条第二款规定请求人民法院撤销决议中关于该时间的规定。

7.《最高人民法院关于适用〈中华人民共和国公司法〉若干问题的规定（五）》（2020 修正）第四条 分配利润的股东会或者股东大会决议作出后，公司应当在决议载明的时间内完成利润分配。决议没有载明时间的，以公司章程规定的为准。决议、章程中均未规定时间或者时间超过一年的，公司应当自决议作出之日起一年内完成利润分配。

决议中载明的利润分配完成时间超过公司章程规定时间的，股东可以依据民法典第八十五条、公司法第二十二条第二款规定请求人民法院撤销决议中关于该时间的规定。

案由 公司设立纠纷

张某、孟某、马某公司设立纠纷案

邢振荣[*]

一、案情简介

2020年7月,张某、孟某、马某协商准备成立有限公司。2020年11月29日,张某、孟某、马某签订了《股东出资合作协议书》,约定:三人共同投资设立公司,公司名称尚未确定,公司总注册资本120万元。三人前期投入启动资金44万元,其中张某出资10万元、马某出资14万元,孟某出资20万元;启动资金主要用于公司前期开支,包括租赁、装修、培训、购买办公设备等,如有剩余资金,则将其作为公司开业后的流动资金,股东不得撤回。公司设立补缴全部出资后股权占比情况如下:张某出资20万元及经营技术,占股40%;孟某出资25万元,占股30%;马某出资31万元,占股30%;补缴出资以实际缴纳为准。张某向孟某的妻子李某的账户转入前期启动资金10万元、马某向孟某支付前期启动资金14万元。在签订《股东出资合作协议书》后,张某、马某委托孟某办理场地租赁以及装修事务。公司筹备过程中,张某于2020年8月13日与某房地产开发有限公司签订房屋租赁合同,并由孟某支付房屋租金28547元、缴纳房屋押金10 000元、水费510元、物业费13 061.04元、装修押金2000元、公共照明费1088.42元,合计55 206.46元。后孟某

---

[*] 邢振荣(1975年8月—),男,四川精伦律师事务所执行主任、高级合伙人,公司法专业律师。

对该办公场所进行装饰装修，经三方鉴定承租办公场所实际装饰装修费用合计为64 546.7元。张某、马某于2020年7月27日以支付宝转账的形式分别向孟某转账10 000元。在庭审过程中，因承租办公场所合同到期，经张某、孟某同意后，由马某取得缴纳房屋押金10 000元的收据并办理退还押金事宜。马某缴纳鉴定费20 000元。另二审期间，孟某提交新的证据，二审法院对孟某妻子总计给张某报销费用27 231.41元予以确认。

因公司未设立，张某及马某诉请解除与孟某签订的《股东出资合作协议书》并要求返还张某、马某出资款26万元。

二、法院判决

一审法院判决：（1）张某、马某与孟某于2020年11月29日签订的《股东出资合作协议书》于2021年4月21日解除；（2）孟某退还马某出资款100 082.28元、张某出资款70 082.28元，限判决生效后15日内履行；（3）驳回张某、马某的其他诉讼请求。

二审法院判决：（1）维持一审判决的第一、第三项。（2）撤销一审民事判决的第二项。（3）孟某向张某返还出资款67 393.55元、退还保证金10 000元，合计77 393.55元；孟某向马某返还出资款93 764.94元。限于本判决生效后15日内付清。

三、判决理由

一审判决认为，张某、马某与孟某签订的《股东出资合作协议书》系双方真实意思表示，符合国家法律法规的规定，为有效合同，双方应当根据约定履行各自的义务。孟某收取张某、马某的出资款后，并未依约履行设立双方约定公司的成立事宜，故张某、马某诉求解除上述协议，于法有据，予以支持。根据法律规定，当事人一方依法主张解除合同的，应当通知对方，合同自通知到达对方时解除。故应确认上述《股东出资合作协议书》自本案起诉状副本送达孟某之日即2021年4月21日解除。因孟某在设立公司时，支付办公场所承租费及相关费用共计55 206.46元，支付办公场所实际装修费用共计64 546.7元，实际支出的费用为119 753.16元，因此张某、孟某、马某应各自承担39 917.72元。因张某、马某于2020年7月27日以支付宝转账形式分别向孟某转账10 000元，且经张某、孟某同意由马某取得缴纳房屋押金10 000元的收据并办理退还押金事宜，故扣减马某办理退还房屋押金10 000元后，马某实际支付的前期出资款为14万元，张某实际支付的前期出资款为11万元。扣减应当由张某、马某承担的费用后，孟某应退还马某出资款100 082.28元、退还张某出资款70 082.28元。

二审判决认为，张某、孟某、马某于2020年11月29日签订《股东出资合作协议书》，约定三人共同投资设立公司。涉案合同中未确定公司名称，但对公司股东出资、公司管理及职能分工等作出明确约定，张某、马某亦按照前期出资的约定实际履行出资义务，故本案系在开办公司过程中发生的纠纷，本案法律关系性质应定性为公司设立纠纷，一审法院认定为合伙合同纠纷不当。按照涉案合同约定，张某、孟某、马某签订的《股东出资合作协议书》解除后，三方清算后若有结余，按出资比例分配剩余财产。张某、孟某、马某三人前期出资总额为44万元，其中张某出资10万元、孟某出资20万元、马某出资14万元，出资比例分别为23%、45%、32%。前期出资总额44万元扣除孟某实际支出146 984.57元后下剩293 015.43元，按照出资比例，张某、孟某、马某分别分得67 393.55元、131 856.94元、93 764.94元。张某、马某为保障涉案合同的履行，于2020年7月27日分别向孟某转账10 000元，孟某主张该款用于三人出差费用且已全部花费完毕，但未能提供相应证据证明其主张，应承担不利法律后果。孟某未依约履行公司设立事宜，现涉案合同解除，孟某应向张某返还前期为保障涉案合同履行交纳的保证金10 000元。马某因取得缴纳房屋押金10 000元的收据并负责办理退还押金事宜，故马某前期交纳的保证金10 000元经抵顶后不再返还。

四、案例解析

本案一审二审的争议焦点：张某、孟某、马某所签订的《股东合作协议书》应当认定为合伙合同还是公司设立协议？从一审、二审的判决结果来看，对于案涉协议性质的认定能够影响最终判决结果。

首先，关于协议性质的认定，一审仅从协议的基本要素认定为合伙合同，而二审则是从协议的实质内容来认定，协议符合合同成立的基本条件，但是实质内容却明确约定了公司股东出资、公司管理及职能分工等，张某、马某亦按照前期出资的约定实际履行出资义务。所以从协议的实质内容来看，二审纠正为公司设立过程中的纠纷。

其次，关于费用的计算方面，孟某在筹备前期的费用支出，如认定为合伙合同，则前期费用支出在无法确定各方出资比例的情况下，由合伙人平均分配，各占三分之一。而二审中根据协议的内容认定为公司设立过程中的纠纷，关于孟某前期的费用支出，则按照协议中约定的，清算后按照出资比例承担分配剩余财产，因此前期费用按照三方出资比例承担。

最后，关于马某和张某转账支付的 10 000 元认定，如认为是合伙合同，则该 10 000 元被认定为合伙过程中的费用追加。但是二审纠正了该笔费用，将该笔费用认定为孟某履行合同的保证金。因此，如孟某未按照协议设立公司，应当向马某、张某返还这笔费用。

五、律师建议

在日常实践中，合伙与设立公司很容易被混淆，即使签订的协议是合伙协议，也有可能因为协议内容而被认定为公司设立协议。如前述案例所述，协议性质的认定将影响判决结果。

因此，合伙人在合作前应当充分了解清楚合作性质，方可规避法律风险，可从以下几点把握。

（一）合伙合同与公司设立协议适用的法律不同

合伙合同适用《民法典》，需要符合《民法典》合同成立的一般要件，合同内容符合《民法典》第二十七章的相关规定，如果是注册为企业的合伙，则要适用《中华人民共和国合伙企业法》（以下简称《合伙企业法》）。合伙分为普通合伙及有限合伙。公司设立则适用《公司法》及其司法解释。公司分为有限责任公司、一人有限责任公司和股份有限公司。设立公司必须依法制定公司章程，公司章程对公司、股东、董事、监事、高级管理人员具有约束力。公司章程中通常需要约定公司的名称、住所、各股东之间的权利义务等内容。

（二）合伙和公司在人合资合方面不同

从合伙的性质来看，合伙合同为人合性质，是指由各合伙人签订合伙合同，共同出资，共享收益，共担风险，对合伙企业的债务承担无限连带责任。而公司中的典型类型——有限责任公司和股份有限公司都具有资合性质。资合性质的特点在于公司信用在于公司财产，一般情况下，公司股东对公司债权人不负责任。另外在股份的转让方面，人合性质的合伙企业股份转让较为困难，因为合伙企业的经营依赖于合伙企业成员的个人信用，如《合伙企业法》中对新人入伙及退伙的条件都有明确约定。而资合性质的公司股份转让则较为容易，通常不会有太严格限制。

（三）合伙和公司的出资方式不同

合伙合同中，合伙人可以用货币、实物、知识产权、土地使用权或者其他财产权利出资，也可以用劳务出资。但是，设立公司的出资，根据《公司法》的规定，除货币、实物、知识产权、土地使用权外，还可以用依法可转让的非货币财产作价出资，但劳务不得作为设立公司的出资。

六、法律法规依据

1.《公司法》（2018年修订）第十一条 设立公司必须依法制定公司章程。公司章程对公司、股东、董事、监事、高级管理人员具有约束力。

2.《公司法》（2023年修订）第五条 设立公司应当依法制定公司章程。公司章程对公司、董事、监事、高级管理人员具有约束力。

3.《公司法》（2018年修订）第二十七条 股东可以用货币出资，也可以用实物、知识产权、土地使用权等可以用货币估价并可以依法转让的非货币财产作价出资；但是，法律、行政法规规定不得作为出资的财产除外。

对作为出资的非货币财产应当评估作价，核实财产，不得高估或者低估作价。法律、行政法规对评估作价有规定的，从其规定。

4.《公司法》（2023年修订）第四十八条 股东可以用货币出资，也可以用实物、知识产权、土地使用权、股权、债权等可以用货币估价并可以依法转让的非货币财产作价出资；但是，法律、行政法规规定不得作为出资的财产除外。

对作为出资的非货币财产应当评估作价，核实财产，不得高估或者低估作价。法律、行政法规对评估作价有规定的，从其规定。

5.《合伙企业法》第十六条 合伙人可以用货币、实物、知识产权、土地使用权或者其他财产权利出资，也可以用劳务出资。合伙人以实物、知识产权、土地使用权或者其他财产权利出资，需要评估作价的，可以由全体合伙人协商确定，也可以由全体合伙人委托法定评估机构评估。

合伙人以劳务出资的，其评估办法由全体合伙人协商确定，并在合伙协议中载明。

**6.《最高人民法院关于适用〈中华人民共和国公司法〉若干问题的规定

（三）》**第四条** 公司因故未成立，债权人请求全体或者部分发起人对设立公司行为所产生的费用和债务承担连带清偿责任的，人民法院应予支持。

部分发起人依照前款规定承担责任后，请求其他发起人分担的，人民法院应当判令其他发起人按照约定的责任承担比例分担责任；没有约定责任承担比例的，按照约定的出资比例分担责任；没有约定出资比例的，按照均等份额分担责任。

因部分发起人的过错导致公司未成立，其他发起人主张其承担设立行为所产生的费用和债务的，人民法院应当根据过错情况，确定过错一方的责任范围。

案由 公司证照返还纠纷

龙岩市蓝某水电有限公司诉苏某滨公司证照返还纠纷案

李应伟[*]

一、案情简介

龙岩市蓝某水电有限公司（以下简称蓝某公司）成立于2001年11月16日，经营范围为水力发电、水产养殖；法定代表人为陈某斌，任董事长。苏某滨为蓝某公司的股东、董事。蓝某公司在经营过程中，将蓝某公司公章、土地使用权证、营业执照、开户许可证、取水许可证等证照及印鉴交由苏某滨保管使用。

蓝某公司认为，公司的相关印鉴证照应由法定代表人陈某斌管理及使用，原告法定代表人陈某斌在得知苏某滨非法利用公章等印鉴证照的情况下，多次要求苏某滨返还公章等相关的印鉴证照，但苏某滨拒不返还，其行为已侵犯原告的合法权益。苏某滨继续使用公章等证照及印鉴会对公司造成更大的危害和不可挽回的影响，故蓝某公司提起诉讼，请求：判令苏某滨立即将蓝某公司的公章、营业执照、土地使用权证、开户许可证、取水许可证等证照及印鉴归还给蓝某公司。

苏某滨辩称：（1）蓝某公司主张返还的证照中取水许可证目前不在苏某滨处，已由蓝某公司提交行政主管部门办理许可期限延续；（2）公司证照关系公司治理，因此证照返还纠纷应优先适用《公司法》及其法理，蓝某公司根据

---

[*] 李应伟（1971年8月— ），男，四川精伦律师事务所专职律师。

《中华人民共和国物权法》（以下简称《物权法》，已失效）主张证照返还，不能得到支持；（3）公司证照保管属于公司自治范围，包括法定代表人在内的人员并无天然具有保管公司证照的权利，蓝某公司请求将公司证照移交给法定代表人，无法律依据。

二、法院判决

福建省龙岩市中级人民法院于 2018 年 8 月 8 日作出××号一审判决：(1) 苏某滨应于本判决发生法律效力之日起 10 日内向龙岩市蓝某水电有限公司返还龙岩市蓝某水电有限公司的公章、土地使用权证、营业执照、开户许可证等证照及印鉴；(2) 苏某滨应于行政主管部门退还取水许可证后 3 日内向龙岩市蓝某水电有限公司返还该取水许可证。

福建省高级人民法院于 2018 年 11 月作出（2018）闽民终××号二审判决：维持原判。

最高人民法院于 2019 年 5 月 29 日作出（2019）最高法民申××号民事裁定：驳回苏某滨的再审申请。

三、判决理由

一审法院认为，《中华人民共和国民法总则》（以下简称《民法总则》，已失效）第六十一条第一款规定，依照法律或者法人章程的规定，代表法人从事民事活动的负责人，为法人的法定代表人。公司法定代表人作为公司意志代表，在不与公司章程、授权冲突的前提下，有权行使对内管理公司运营、对外代表公司履行职务等行为，有权代表公司就公司证照返还提起诉讼，并自持或授权他人持有公司各种印鉴。公司证照及印鉴依法均属蓝某公司所有，故作为法人主体的蓝某公司有权要求苏某滨将公司证照及印鉴等物品返还公司。现苏某滨继续保管使用蓝某公司公章、土地使用权证、营业执照、开户许可证、取水许可证等证照及印鉴没有合法依据，苏某滨有责任将上述物品返还公司。苏某滨辩称取水许可证目前已提交行政主管部门办理相关手续。取水许可证在行政主管部门退回后，苏某滨仍有义务予以返还给公司。

四、案例解析

1. 公司证照返还纠纷中的"证照"包括哪些物品？

在分析公司证照返还纠纷案件之前，需要先厘清该案由项下双方当事人诉争的标的物，即"公司证照"的具体涵盖内容。"证照"，顾名思义，是证件和执照的统称。据此，组织机构代码证、税务登记证、银行开户许可证、社保登记证、各类资质证书、不动产登记证书等公司证件和公司营业执照无疑可归入公司证照范围。但在实务中，"公司证照"通常作扩大理解，并不限于公司证件和营业执照，还包括公司印章和其他特殊动产，如公司公章、财务专用章、发票专用章、法定代表人私章、合同专用章和公司财务账册资料、文件等。本案法院判令当事人返还的公司证照就包括公司公章。

2. 公章被被告保管，公司如何起诉？

通常意义上来讲，公司作为原告起诉，起诉状上势必就要加盖公司的公章，这样才符合立案的条件。但在返还公章的案件中，原告不可能持有公章，更无法加盖。现实案例中，确实存在一些法院认为诉讼主体是公司就应当由公司盖章，否则不予立案的僵化做法。

《民法总则》第六十一条规定："依照法律或者法人章程的规定，代表法人从事民事活动的负责人，为法人的法定代表人。法定代表人以法人名义从事的民事活动，其法律后果由法人承受。"《民事诉讼法》第五十一条规定："公民、法人和其他组织可以作为民事诉讼的当事人。法人由其法定代表人进行诉讼……"据此，法定代表人作为公司的代表，在不与公司章程、授权冲突的前提下，有权行使对内管理公司运营、对外代表公司履行职务的职责，包括代表公司向法院提起诉讼。法定代表人在公司证照返还纠纷的诉讼材料上签名，应当视为公司的诉讼行为，该行为属于法定代表人的职务行为。

本案公司公章被被告苏某滨占有保管时，法定代表人陈某斌代表蓝某公司起诉并获法院立案，无疑是正确之举。

3. 如何判断被告是否有权占有公司证照？

根据《民法典》第二百六十九条，作为营利法人的公司，享有法人财产权。法人财产不仅包括公司享有的货币、固定资产、债权、对外投资的股权、知识产权，还包括公司设立、经营时取得的公司公章、营业执照、会计资料等公司证照。公司证照对外代表着公司意志，根据物的所有权属性，公司证照的所有权包括占有使用等权能应归属公司。但是公司是一个组织，对于公司中具体谁有权占有保管公司证照,谁无权占有保管公司证照,我国法律并无明确规定。

公司证照保管问题属于公司内部自治范畴,司法实践中,一般根据体现公司意志的文件确定具体保管人。公司意志是通过一定程序形成的公司制度、决议、决定以及行动体现的。公司法规定了股东会、董事会等公司机构的议事规则,对召开会议、表决等都提出了明确要求。只有通过法定或者章程规定的程序形成的决议、决定,才能成为公司意志。[1] 体现公司意志的文件包括公司章程、股东会决议、内部管理制度等。在公司的合资合同、章程或相关管理制度均未对公章由谁保管作出明确规定的情况下,法院可判令将公章交由法定代表人收执保管。[2]

本案中,被告苏某滨在一审、二审及向最高人民法院申请再审时,主张其占有公司证照是基于股东会决议,属于有权占有,但因未提供相关证据证实,并未被法院采纳。假设苏某滨提供了股东会授权其保管公司证照的决议文件,恐怕案件将是另一种结果。

五、律师建议

在公司经营过程中,公司证照在人员之间流转是常见的现象,但这无疑会给公司对内管理与对外经营增加风险。考虑本案及相关司法实践的影响,为防范法律风险,本律师建议:

1. 通过公司章程、内部决议或管理制度,明确公司证照保管主体及移交程序。

《公司法》未对公司证照保管主体及移交程序作出规定,为公司自治留存了空间。在公司经营过程中,根据实际情况在公司章程、股东会决议、董事会决议、公司管理制度等文件中对公司证照的保管主体、变更程序等作出规定,有助于避免公司内部争议,防范公司证照风险。

2. 注重留存和收集证据。

公司证照的有权保管人在平时工作中,就应注意留存自己有权保管公司证照的文件。如果曾有授权某股东保管公司证照的文件(如股东会决议),但公

---

[1] 参见沈凯:《公司意见与个体意志辨析》,《法制与社会》2019年12期(上),第73页。
[2] 参见最高人民法院研究室:《最高人民法院新民事案件案由规定理解与适用》(下),北京,人民法院出版社,2021年,第756~757页。

司隐瞒不出示，可考虑提起知情权诉讼要求法院判令公司出示相关文件。公司证照返还纠纷，其实质是公司控制权之争，当公司发生了暴力抢夺公司证照的行为时，则应第一时间报警，至少起到固定证据的作用，为以后诉请返还证照奠定基础。

六、法律法规依据

1.《民法典》第二百三十五条（原《物权法》第三十四条） 无权占有不动产或者动产的，权利人可以请求返还原物。

2.《民法典》第二百六十九条（原《物权法》第六十八条） 营利法人对其不动产和动产依照法律、行政法规以及章程享有占有、使用、收益和处分的权利。

3.《公司法》（2018年修订）第三条第一款 公司是企业法人，有独立的法人财产，享有法人财产权。公司以其全部财产对公司的债务承担责任。

4.《公司法》（2023年修订）第三条第一款 公司是企业法人，有独立的法人财产，享有法人财产权。公司以其全部财产对公司的债务承担责任。

5.《公司法》（2018年修订）第五条 公司从事经营活动，必须遵守法律、行政法规，遵守社会公德、商业道德，诚实守信，接受政府和社会公众的监督，承担社会责任。

公司的合法权益受法律保护，不受侵犯。

6.《公司法》（2023年修订）第十九条 公司从事经营活动，应当遵守法律法规，遵守社会公德、商业道德，诚实守信，接受政府和社会公众的监督。

7.《公司法》（2023年修订）第二十条 公司从事经营活动，应当充分考虑公司职工、消费者等利益相关者的利益以及生态环境保护等社会公共利益，承担社会责任。

国家鼓励公司参与社会公益活动，公布社会责任报告。

8.《公司法》（2023年修订）第三条第二款 公司的合法权益受法律保护，不受侵犯。

案由 发起人责任纠纷

林某诉宁波百某长文化传播有限公司、李某发起人责任纠纷案

李白金[*]

一、案情简介

2016年6月9日，林某（作为乙方）与宁波百某长文化传播有限公司（作为甲方，以下简称"宁波百某长公司"）签订达成协议，约定：拟设立的单位名称为台州市百某长音乐培训有限公司（以有关部门核准名称为准）；合作经营期限自2016年5月27日起至2021年5月26日止，共5年；甲方为品牌提供方及经营操作方，占20%管理股，乙方出资人民币65万元，合作期间各合作人的出资为共有财产，不得随意请求分割，办学筹备过程中如果举办费不足，各合作方按照占出资比例增加出资；合作各方共担风险，共负盈亏。盈余分配方面，协议约定为：每年终按照年利润70%为总额，按股份比例分配；特殊情况按照股东会议协商而定。合作债务先由合作财产偿还，合作财产不足清偿时，以股份比例承担。合作经营的第一个协议期限内，合作人不允许退股。协议对合作人的权利、义务、违约责任等做了约定。2016年6月15日，林某经他人账户向李某转账支付65万元。

2016年6月29日，宁波百某长公司（作为承租方）与浙江某某文化发展有限公司（作为出租方）签订《百某长音乐租赁合作合同协议》，约定：出租

---

[*] 李白金（1990年0月——），女，四川精伦律师事务所专职律师，四川省律协第九届劳动法律事务专业委员会委员。

方将位于某某商场三楼某某场地面积约300平方米（建筑面积），以合作租赁的方式给予宁波百某长公司。该合同签订后，宁波百某长公司即在该租赁场地自2016年10月以音乐培训学校的名义对外开展经营活动。2018年8月，林某与宁波百某长公司一致决定该音乐培训学校停止营业。随后，林某起诉至法院，要求宁波百某长公司承担发起人责任，返还其全部投资款，一审法院驳回了林某的诉讼请求。

林某因不服一审判决提起上诉，上诉人林某认为案件双方属于我国《最高人民法院关于适用〈中华人民共和国公司法〉若干问题的规定（三）》中规定的发起人身份，由于对方原因致使目标公司设立不能，应该适用特别法《公司法》以发起人责任纠纷处理。理由如下：（1）合作目的系成立具有独立法人资格的有限责任公司。双方签订的"百某长合作办学协议"（以下简称协议）明确载明拟设立的就是"台州市百某长音乐培训有限公司"，至于"以有关部门核准名称为准"指的是名称字号，标的主体的性质已经明确为有限公司，而一审判决忽略了该协议条款中的其他部分也均是以股份比例、股东会、入股、退股的形式行文表述，双方成立有独立法人资格的有限公司的意向清楚。（2）协议双方为公司设立的发起人。本案中，协议本质即为发起人协议，系对设立对象、形式以及设立人之间关系的合意约定，虽然因对方原因（没有申请过工商登记或申请失败），双方根本没有能够到签署章程这一步，但可以明确的是，作为投资人股东，林某对公司章程的制定具有绝对的决定效力。（3）向公司认购出资或者股份的人。协议已载明林某向"台州市百某长音乐培训有限公司"认购65万元人民币的股份。（4）履行公司设立职责的人。公司设立职责是指发起人基于其发起人的身份，依照法律的规定和合同的约定而应该享有的权利、应该负有的义务和应该承担的责任。履行公司设立职责，并非要求发起人实际参与、实际经办筹办事务。

林某称其因宁波百某长公司根本违约而请求返还投资款于法有据：（1）宁波百某长公司作为发起人的义务之一是获取、办理工商证照。林某仅负有按时足额支付投资款的义务，其余设立义务均由对方负责。但截至目标公司关闭或诉讼之日，对方始终未履行义务，亦未将实情告知林某。而实情是宁波百某长公司在收取林某的款项后从未主动告知公司设立进展，甚至在林某的追问下，李某才告知公司早已于2016年10月17日开业。林某认为在具备工商证照和合法开业经营互为充分必要条件的逻辑下，开业理应作为公司设立成功的时间标志，因此一审判决中提到的林某"并未对有限公司登记、注册提出过要求"并不能作为林某默认双方欲成立主体性质不明确的判定理由。（2）宁波百某长公司始终未成立任何合法形式的"新主体",属于根本违约。不管合意是成立有限责任公司、合伙企业、个体工商户,均需要合法合规地取得工商执照,否则不存在"新成立"一说,而宁波百某长公司不仅未履行办理工商证照的义务,更加没有对此进行补救以取得合法经营的资格,属于根本违约。(3)宁波百某长公司作为负有办理工商证照获取合法营业资质义务的发起人,因其过错导致公司设立不能,对认股人林某已缴纳的股款,宁波百某长公司负有返还股款并加算银行同期存款利息的连带责任。

宁波百某长公司辩称:本案并非发起人责任纠纷,宁波百某长公司并不具备《公司法》规定的发起人身份,《最高人民法院关于适用〈中华人民共和国公司法〉若干问题的规定(三)》规定的发起人应当具备三个条件,缺一不可:(1)为公司设立而签署公司章程。(2)向公司认购出资或者股份。(3)履行公司设立职责。本案中,双方协议仅载明拟成立的单位名称为台州市百某长音乐培训有限公司,并用括号标注由有关部门核准名称为准,但对学校的主体性质,协议中的其他条款并未明确为有限责任公司性质。从林某和李某自协议签订后两年多的聊天记录来看,林某从未对有限公司注册提出过要求。林某若认为合作学校的主体性质关乎其切身利益,应当在学校筹办、开办过程中及时提出,而非在进入诉讼中再行提出。从双方协议内容和履行情况来看,宁波百某长公司不具备发起人条件,本案并非发起人责任纠纷。一审法院认定事实无误,适用法律正确。

二、法院判决

本案一审、二审均驳回了上诉人(一审原告)的诉讼请求。

三、判决理由

为设立公司而签署公司章程、向公司认购出资或者股份并履行公司设立职责的人,应当认定为公司的发起人,包括有限责任公司设立时的股东。本案中,双方在协议中仅载明拟成立的单位名称为"台州市百某长音乐培训有限公司",并括注"以有关部门核准名称为准",但对学校的主体性质协议中其他条款并未明确一定为"有限责任公司"性质。从林某与李某自协议签订后两年多的聊天记录来看,林某虽关注过自身权益相关的营利、分红等经营信息,但并未对有限公司登记、注册提出过要求。林某如认为合作学校主体性质关乎其切身利益，应当在学校筹办、开办过程中及时提出，而非在进入诉讼后再行提出。另从林某与李某沟通内容来看，双方曾就林某将椒江学校出资置换为宁波米多某艺术培训合伙企业（有限合伙）的投资份额达成过初步意向，在此过程中亦未提及基于有限责任公司框架下的解决方案。同时，如宁波百某长公司抗辩所称，"签署公司章程""向公司认购出资或者股份""履行公司设立职责"构成了公司发起人同时具有的三个法律特征，也可视为公司发起人的三个法定条件。从双方协议内容及履行情况来看，宁波百某长公司并不具备上述发起人条件。因此，林某明确基于发起人责任法律关系主张权利，依据不足，法院无法予以支持。

四、案例解析

公司发起人在公司的设立和运作过程中有其特殊的地位和作用，也有其特殊的法律责任，既有别于一般股东，也不同于仅签订协议但尚未进入实质性设立阶段的公司合作者。本案案由能否确定为"发起人责任纠纷"，要考察明确此类纠纷构成要件的法律依据。（1）《公司法》未就有限责任公司发起人作出规定。正确处理公司设立阶段产生的内部和外部争议，有必要首先对公司发起人的概念予以明确。《公司法》仅在对股份有限公司的有关规定中使用了"发起人"的概念，对有限责任公司未直接使用这一概念表述，但对有限责任公司设立时的股东也设定了基本等同的条件。（2）司法解释统一了公司发起人概念并明确了认定要件。为进一步明确相关概念，准确界定权利、区分责任，《最高人民法院关于适用〈中华人民共和国公司法〉若干问题的规定（三）》中进一步明确，有限责任公司设立时的股东也属于公司发起人的范畴，该解释还对"发起人"的概念和范围作出了统一界定。根据该解释第一条，公司发起人应当同时具备以下三个条件，缺一不可：一是为公司设立而签署公司章程，由于公司章程与公司设立协议在性质和功能上存在明显差异，故仅签订公司设立协议但未签订公司章程的人也不符合发起人的条件；二是向公司认购出资或者股份，只要出资人或者购股人作出实际作出认购行为即可，无须以已经实际缴纳出资为条件；三是履行公司设立职责，即基于发起人的身份，参与或者授权其他发起人代表自己办理公司设立筹办事务，并为此承担责任。

五、律师建议

任何公司之设立均必然有其发起人，没有发起人之公司是不可想象的。但是，人们又显然不能将任何推动公司设立或参与公司设立之人均视为公司发起人，毕竟发起人应当承担其相应之法律义务，对因发起公司而可能引发之责任将难以回避。因此，设定发起人之认定标准，并以此为基础明确其权利与义务，就显得十分之必要。为避免发起人间责任承担不明确、非发起人承担发起人责任等问题，建议公司设立时各发起人之间应签署《发起人协议》，协议中应对针对发起人责任承担作出以下明确具体约定：（1）发起人职责：发起人有不同分工的，应分工明确；无明确分工的，应在协议中确定相应的议事规则或决议规则，避免相互推责。（2）责任承担规则：约定明确责任的承担比例。

六、法律法规依据

1.《公司法》（2018 年修订）第十五条 公司可以向其他企业投资；但是，除法律另有规定外，不得成为对所投资企业的债务承担连带责任的出资人。

2.《公司法》（2023 年修订）第十四条 公司可以向其他企业投资。

法律规定公司不得成为对所投资企业的债务承担连带责任的出资人的，从其规定。

3.《公司法》（2018 年修订）第九十四条 股份有限公司的发起人应当承担下列责任：

（一）公司不能成立时，对设立行为所产生的债务和费用负连带责任；

（二）公司不能成立时，对认股人已缴纳的股款，负返还股款并加算银行同期存款利息的连带责任；

（三）在公司设立过程中，由于发起人的过失致使公司利益受到损害的，应当对公司承担赔偿责任。

4.《最高人民法院关于适用〈中华人民共和国公司法〉若干问题的规定（三）》（2020 修正）第一条 为设立公司而签署公司章程、向公司认购出资或者股份并履行公司设立职责的人，应当认定为公司的发起人，包括有限责任公司设立时的股东。

案由 公司盈余分配纠纷

甘肃坤某金矿业开发集团有限公司与百某商务东升庙有限责任公司盈余分配纠纷案

梁永琪[*]

一、案情简介

坤某金矿业开发集团有限公司（以下简称"坤某金公司"）持有百某商务东升庙有限责任公司（以下简称"百某公司"）52.5％股份。2014年2月19日，审计报告中利润及利润分配表载明，2013年度百某公司未分配利润为56 930 221.51元。2014年3月27日，百某公司股东某丰矿业集团股份有限公司、巴彦淖尔某丰有色金属有限公司及坤某金公司三方召开股东会议，并形成百某股字〔2014〕2号股东会决议，决定：公司决定于2014年6月份之前，将2013年度剩余未分配利润56 930 221.51元分配完毕。2014年6月25日，某丰矿业集团股份有限公司、坤某金公司召开2014年第二次临时股东会，并形成《临时股东会议纪要》，该会议纪要第六条为：会议同意对百某公司2013年未分配利润在7月底之前进行分红，2014年按季度分红。2015年1月28日，审计报告中利润及利润分配表载明，2014年度未分配利润65 423 880.44元。2015年9月24日，坤某金公司将其持有的百某公司52.5％股权转移登记到坤某金公司下属全资子公司坤某金资产管理公司名下。2015年6月18日，坤某金公司与赵某堂签订《股权转让协议书》，以48 000万元将其全资子公司

---

[*] 梁永琪（1999年1月— ），女，四川精伦律师事务所专职律师，曾获2022年四川省商法年会三等奖。

坤某金资产管理公司100％的股权转让给赵某堂，该协议书第六条第三款约定："自本协议签署后，甲方承诺不再对坤某金资产管理公司、百某公司进行直接或间接分红，不再动用坤某金资产管理公司、百某公司资金账户内的资金，不得出现任何可能减少乙方股东权益的行为。"2015年12月17日，坤某金资产管理公司100％的股权从坤某金公司名下转移登记到案外人赵某堂名下。2017年10月10日，坤某金公司向百某公司、某丰矿业集团股份有限公司、巴彦淖尔某丰有色金属有限公司、坤某金资产管理公司、赵某堂送达一份公司函件，要求百某公司向坤某金公司支付2015年6月18日前的利润34 732 804.98元。

坤某金公司向一审法院起诉请求，百某公司给付坤某金公司2013年度未付的利润款人民币29 888 366.29元；百某公司给付坤某金公司2014年度未付的利润款人民币4 459 170.94元。

二、法院判决

法院判令驳回坤某金公司的全部诉讼请求。

三、判决理由

（一）关于坤某金公司将其持有的百某公司股权转让后是否仍享有利润分配请求权的问题

百某公司作出了分配2013年度利润的股东会决议并载明具体分配方案。该决议一经作出，抽象性的利润分配请求权即转化为具体性的利润分配请求权，权利性质发生变化，从股东的成员权转化为独立于股东权利的普通债权，不必然随着股权的转让而转移。除非有明确约定，否则股东转让股权的，已经转化为普通债权的具体性的利润分配请求权并不随之转让。因此，坤某金公司虽于2015年将所持百某公司股权转让给他人，但当事人均确认，该股权转让协议中并没有对2013年度利润分配请求权作出特别约定，故坤某金公司对于百某公司2013年度未分配利润仍享有请求权。

（二）关于坤某金公司是否有权要求百某公司支付2013年度未支付利润的问题

原则上，一项具体的利润分配方案应当包括待分配利润数额、分配政策、分配范围以及分配时间等具体分配事项内容，判断利润分配方案是否具体的关键在于能否综合现有信息确定主张分配的权利人根据方案能够得到的具体利润数额。本案中，百某股字〔2014〕2号股东会决议通过了百某公司《2013年度利润分配方案》，确定了百某公司2013年度待分配利润总额，并决定于2014年6月份之前将这部分剩余未分配利润分配完毕。之后的《临时股东会议纪要》将利润分配时间变更为2014年7月底之前。上述方案中确实没有写明各股东分配比例以及具体计算出各股东具体分配数额。然而，百某公司章程第十条股东权利条款中规定了"按照出资比例分取红利"，第三十七条规定了"弥补亏损和提取公积金、法定公益金所余利润，按照股东的出资比例进行分配"，且百某公司此前亦是按照出资比例分配利润。综合考虑上述事实，能够确定百某公司2013年利润分配是按照股东持股比例进行的。由此，案涉股东会决议载明了2013年度利润分配总额、分配时间，结合公司章程中关于股东按照出资比例分配利润政策之约定，能够确定坤某金公司根据方案应当得到的具体利润数额，故该股东会决议载明的2013年度公司利润分配方案是具体的，符合《最高人民法院关于适用〈中华人民共和国公司法〉若干问题的规定（四）》第十四条之规定。

（三）关于坤某金公司是否有权要求分配2014年度利润的问题

本案中，对于坤某金公司主张的2014年度百某公司未分配利润，《临时股东会议纪要》中仅载明"2014年利润按季度分红"，对应当分配的利润数额等事项并无记载。虽然坤某金公司主张审计报告中记载了当年利润数，但审计报告不能代替股东会决议，公司是否分配利润以及分配多少利润，应当由股东会议作出相应的决议。故根据现有信息无法确定坤某金公司能够获得的利润数额，上述股东会决议中未载明具体利润分配方案。而坤某金公司亦未提交其他证据证明百某公司就2014年度利润分配已作出具体分配方案。因此，坤某金公司关于百某公司应向其支付2014年度未分配利润的主张不能成立。

（四）关于本案诉讼时效的问题

载明具体分配方案的利润分配决议一经作出，则股东的利润分配请求权由期待性的权利转化为确定性的权利,性质上转化为普通债权。当分配利润期限届满而公司仍未分配时,股东可以直接请求公司按照决议载明的具体分配方案给付利润。本案中,2014年3月27日,百某公司形成百某股字〔2014〕2号股东会决议,决定分配公司2013年度未分配利润,并载明了具体利润分配方案。根据百某股字〔2014〕2号股东会决议及其后的《临时股东会议纪要》,明确了2013年度未分配利润应当在2014年7月底之前分配完毕。当期限届满而百某公司仍未分配利润时,坤某金公司所享有的利润分配请求权即受到侵害,因此,其行使具体利润分配请求权的诉讼时效期间应当从2014年8月1日起算。坤某金公司当时是百某公司大股东也并不影响其向百某公司主张权利。而坤某金公司于2017年10月10日才向百某公司及其股东发函首次要求支付该部分利润,诉讼时效期间已经届满。故坤某金公司要求百某公司向其交付2013年度未分配利润的请求不能得到支持。

四、案例解析

(一)如何理解"载明具体分配方案的股东会决议"

首先,形式要件是股东会决议有效。根据《公司法》(2018年修订,本案例下同)第二十二条第一款、第二款规定:"公司股东会或者股东大会、董事会的决议内容违反法律、行政法规的无效。股东会或者股东大会、董事会的会议召集程序、表决方式违反法律、行政法规或者公司章程,或者决议内容违反公司章程的,股东可以自决议作出之日起六十日内,请求人民法院撤销。"本案中,百某股字〔2014〕2号股东会决议,全体股东均签名盖章,程序上符合法律、行政法规和章程的规定,同时股东会决议内容并未违反相关法律、行政法规规定,应视为有效决议。

其次,实质要件是载明具体分配方案。从最高法的终审判决中可见,具体的利润分配方案应当包括待分配利润数额、分配政策、分配范围以及分配时间等具体分配事项内容。判断利润分配方案是否具体,关键在于综合现有信息能否确定主张分配的权利人根据方案能够得到的具体利润数额。如公司股东会决议确定了待分配利润总额、分配时间,结合公司章程中关于股东按照出资比例分取红利的分配政策之约定,能够确定股东根据方案应当得到的具体利润数额的,该股东会决议载明的利润分配方案应当认为是具体的。法院之所以认定2013年的利润分配有具体方案,2014年的利润分配没有具体方案,其关键点在于：《临时股东会议纪要》中仅载明"2014年利润按季度分红"，对应当分配的利润数额等事项并无记载。尽管2014年的可分配利润数额仅在审计报告中利润及利润分配表上体现，但审计报告作为外部文件，其关于可分配利润数额的内容未经股东会决议并不当然成为股东会决议的有效内容，因此，不能认定《临时股东会议纪要》载明了具体利润分配方案。而百某股字〔2014〕2号股东会决议载明了2013年的利润分配总数额、分配时间，结合章程能够确定股东根据方案应当得到的具体分配数额。这三点构成了具体分配方案的关键要素，具有可执行性。因而再审法院认定百某股字〔2014〕2号股东会决议载明了具体分配方案，但最终因超过诉讼时效而未得到支持，后文将详细叙述。

最后，还应当注意的是，《公司法》第二十二条第二款规定："股东会或者股东大会、董事会的会议召集程序、表决方式违反法律、行政法规或者公司章程，或者决议内容违反公司章程的，股东可以自决议作出之日起六十日内，请求人民法院撤销。"本案中，如果百某股字〔2014〕2号股东会决议确定了分红比例但与章程相冲突（章程约定按照股东出资比例分红），股东会决议将会面临被撤销的风险。

（二）坤某金公司将其持有的百某公司股权转让后是否仍享有利润分配请求权

1. 股东会决议载明了具体分配方案，抽象性的利润分配请求权即转化为具体性的利润分配请求权。

股东的利润分配请求权来源于《公司法》第三十四条："股东按照实缴的出资比例分取红利。"该条确定了利润分配的主体为公司股东，即股东的利润分配请求权是成员权。在该案中，关于坤某金公司是否能分配到2013年乃至2014年的利润，首先需要判断其是否为适格主体。2015年6月18日，坤某金公司与赵某堂签订《股权转让协议书》，将其100%的股权转让给赵某堂，合同生效起，坤某金公司即丧失了股东资格，因此也就不再具有利润分配请求权。但根据前述可知，2013年的利润通过股东会决议载明了具体分配方案，此时抽象性的利润分配请求权即转化为具体性的利润分配请求权，从股东的成员权转化为独立于股东权利的普通债权。尽管坤某金公司丧失了股东资格，但由于作为成员权的抽象利润分配请求权已经转化为普通债权，不受股东资格的限制。所以，对于坤某金公司所拥有的普通债权的请求权并不以其是否具备股东资格为前提。简言之，坤某金公司即使不是百某公司股东，其仍然可以向百某公司主张已转化的具体的利润分配请求权。

2. 股权转让，具体的利润分配请求权一般不随之转让。

根据最高人民法院的裁判要旨，股东转让股权时，抽象性的利润分配请求权随之转让，而具体的利润分配请求权除合同中有明确约定外并不随股权转让而转让。本案中，坤某金公司虽于 2015 年将所持百某公司股权转让给案外人赵某堂，但此时百某公司已经作出了分配 2013 年度利润的股东会决议并载明具体分配方案。该决议一经作出，抽象性的利润分配请求权即转化为具体性的利润分配请求权，权利性质发生变化，从股东的成员权转化为独立于股东权利的普通债权，不必然随着股权的转让而转移。同时，股权转让协议中并未特别约定利润分配请求权的问题，因此，坤某金公司的利润分配请求权并未转让，其仍然享有具体的利润分配请求权。

（三）诉讼时效从何时计算

诉讼时效作为诉讼中的程序性要件，需要结合实质性要件进行判断。本案中的实质性要件即利润分配请求权受到侵害的客观事实。《民法典》第一百八十条第二款规定："诉讼时效期间自权利人知道或者应当知道权利受到损害以及义务人之日起计算。法律另有规定的，依照其规定。但是，自权利受到损害之日起超过二十年的，人民法院不予保护，有特殊情况的，人民法院可以根据权利人的申请决定延长。"本案中，根据百某股字〔2014〕2 号股东会决议及其后的《临时股东会议纪要》，明确了 2013 年度未分配利润应当在 2014 年 7 月底之前分配完毕。当期限届满而百某公司仍未分配利润时，坤某金公司所享有的利润分配请求权即受到侵害，因此，其行使具体利润分配请求权的诉讼时效期间应当从 2014 年 8 月 1 日起算。根据《民法典》规定，诉讼时效期间为三年，本案的诉讼期间自 2014 年 8 月 1 日起算，至 2017 年 8 月 1 日届满。坤某金公司于 2017 年 10 月 10 日才向百某公司及其股东发函首次要求支付该部分利润，诉讼时效期间已经届满。且期间并未出现诉讼时效中断或中止的事由，故坤某金公司要求百某公司向其交付 2013 年度未分配利润的请求没有得到支持。

五、律师建议

首先，对于利润分配纠纷首先需要审查的一点是股东会决议是否有效，其为决议内容有效的前提，如果股东会或者股东大会、董事会决议内容违反法律、行政法规，则该类决议视为无效决议，如果股东会或者股东大会、董事会的会议召集程序、表决方式违反法律、行政法规以及公司章程的规定，或者决议内容违反公司章程的，可能导致决议被撤销。因此，在关于利润分配的股东会决议时，应当明确注意以下两点：（1）股东会召集程序合法且符合公司章程；（2）股东会决议内容合法且符合公司章程。

其次，关于分配利润的决议应当具体翔实，包括待分配利润数额、分配政策、分配范围以及分配时间等具体分配事项内容。本案中，尽管股东会决议没有约定分配比例，但结合章程和2012年的实际分红可以确定股东可得到的具体利润数额，因此法院最后综合认定2013年的利润分配请求载明了具体的分配方案。实践中，建议将分配利润决议的主要内容尽可能完善，至少满足待分配数额、分配时间、分配比例等几个主要的、具有可操作性的要件，能够根据方案确定股东应当得到的具体利润数额；同时注意决议内容是否与章程相关内容冲突，避免决议内容违反章程而被撤销。

最后，股东应当时刻关注诉讼时效，积极行使自己的权利。"法律不保护躺在权利上睡觉的人。"本案中，尽管法院认定了2013年的利润分配有具体分配方案，但因案情超过了诉讼时效，导致诉讼请求没有得到法院支持。利润分配请求权分为抽象的利润分配请求权和具体的利润分配请求权。前者是具有股东资格的主体的期待权，后者是股东或已脱离股东身份的人对公司的债权。二者间的转化要件即载明具体分配方案的股东会决议。一旦股东会决议作出具体利润分配方案的决定，抽象的利润分配请求权即转化为具体的利润分配请求权，分配方案中决定的分配时间届满而未分配，权利即受侵害，诉讼时效开始计算。而抽象的利润分配请求权是一种期待权，是指将来有取得与实现的可能性，权利是否实现甚而受侵害还未可知。诉讼时效的起算是自权利人知道或者应当知道权利受到损害以及义务人之日起计算，因此抽象的利润分配请求权不受诉讼时效的影响，而受股东资格的影响。股东应当在具有股东资格的时候通过有效的股东会决议将抽象的利润分配请求权转化为具体的利润分配请求权，以免后续出现股权转让等事由丧失股东资格而使期待落空，进而不再享有利润分配请求权。

六、法律法规依据

1.《公司法》（2018年修订）第二十二条　公司股东会或者股东大会、董事会的决议内容违反法律、行政法规的无效。

股东会或者股东大会、董事会的会议召集程序、表决方式违反法律、行政法规或者公司章程，或者决议内容违反公司章程的，股东可以自决议作出之日起六十日内，请求人民法院撤销。

2.《公司法》（2023 年修订）第二十五条 公司股东会、董事会的决议内容违反法律、行政法规的无效。

3.《公司法》（2023 年修订）第二十六条 公司股东会、董事会的会议召集程序、表决方式违反法律、行政法规或者公司章程，或者决议内容违反公司章程的，股东自决议作出之日起六十日内，可以请求人民法院撤销。但是，股东会、董事会的会议召集程序或者表决方式仅有轻微瑕疵，对决议未产生实质影响的除外。

4.《公司法》（2018 年修订）第三十四条 股东按照实缴的出资比例分取红利。

5.《公司法》（2023 年修订）第二百一十条第四款 公司弥补亏损和提取公积金后所余税后利润，有限责任公司按照股东实缴的出资比例分配利润，全体股东约定不按照出资比例分配利润的除外；股份有限公司按照股东所持有的股份比例分配利润，公司章程另有规定的除外。

6.《公司法》（2023 年修订）第二百二十七条 有限责任公司增加注册资本时，股东在同等条件下有权优先按照实缴的出资比例认缴出资。但是，全体股东约定不按照出资比例优先认缴出资的除外。

股份有限公司为增加注册资本发行新股时，股东不享有优先认购权，公司章程另有规定或者股东会决议决定股东享有优先认购权的除外。

7.《公司法》（2018 年修订）第三十七条 股东会行使下列职权：

（一）决定公司的经营方针和投资计划；

（二）选举和更换非由职工代表担任的董事、监事，决定有关董事、监事的报酬事项；

（三）审议批准董事会的报告；

（四）审议批准监事会或者监事的报告；

（五）审议批准公司的年度财务预算方案、决算方案；

（六）审议批准公司的利润分配方案和弥补亏损方案；

（七）对公司增加或者减少注册资本作出决议；

（八）对发行公司债券作出决议；

（九）对公司合并、分立、解散、清算或者变更公司形式作出决议；

（十）修改公司章程；

（十一）公司章程规定的其他职权。

对前款所列事项股东以书面形式一致表示同意的，可以不召开股东会会议，直接作出决定，并由全体股东在决定文件上签名、盖章。

8.《公司法》（2023年修订）第五十九条 股东会行使下列职权：

（一）选举和更换董事、监事，决定有关董事、监事的报酬事项；

（二）审议批准董事会的报告；

（三）审议批准监事会的报告；

（四）审议批准公司的利润分配方案和弥补亏损方案；

（五）对公司增加或者减少注册资本作出决议；

（六）对发行公司债券作出决议；

（七）对公司合并、分立、解散、清算或者变更公司形式作出决议；

（八）修改公司章程；

（九）公司章程规定的其他职权。

股东会可以授权董事会对发行公司债券作出决议。

对本条第一款所列事项股东以书面形式一致表示同意的，可以不召开股东会会议，直接作出决定，并由全体股东在决定文件上签名或者盖章。

9.《最高人民法院关于适用〈中华人民共和国公司法〉若干问题的规定（四）》第十五条 股东未提交载明具体分配方案的股东会或者股东大会决议，请求公司分配利润的，人民法院应当驳回其诉讼请求，但违反法律规定滥用股东权利导致公司不分配利润，给其他股东造成损失的除外。

案由 损害股东利益责任纠纷

四川省业某运输有限公司、宜宾市某城业某有限公司损害股东利益责任纠纷案

李白金[*]

一、案情简介

2011年1月18日，某港运输站有限公司登记成立，该公司由四川省业某运输有限公司（以下简称四川业某公司）和宜宾市某城业某有限公司（以下简称宜宾某城公司）投资成立，其中四川业某公司出资700万元，出资比例为12.5%，宜宾某城公司出资4900万元，出资比例为87.5%。

2016年11月25日，四川省成都市某公证处作出××号"执行证书"载明：申请执行人恒丰银行股份有限公司成都分行与债务人宜宾某城公司于2015年2月10日签订"流动资金借款合同"，债务人向申请执行人借款人民币6000万元整，借款期限自2015年2月11日至2016年2月10日；2015年2月10日签订"流动资金借款合同"，债务人向申请执行人借款人民币2000万元整，借款期限自2015年2月11日至2016年2月10日；2015年3月24日签订了"流动资金借款合同"，债务人向申请执行人借款人民币4000万元整，借款期限自2015年3月24日至2016年2月24日。上述三笔借款的利率均为年利率11%。申请执行人恒丰银行股份有限公司成都分行，于2015年2月9日与某港运输站有限公司签订了"最高额保证合同"，某港运输站有限公

---

[*] 李白金（1980年0月   ），女，四川精伦律师事务所专职律师，四川省律协第九届劳动法律事务专业委员会委员。

司为上述借款提供最高额连带责任保证担保，并以位于临港大道××号某港运输站旅游管理综合大楼××的房屋及国有土地使用权提供最高额抵押担保，担保的最高债权本金金额为人民币12 000万元整。"最高额抵押合同"项下的抵押物以宜宾市房他证临港字第××号"房屋他项权证"、宜市临港他项××号"土地他项权证"办理了抵押登记。2019年1月7日，四川省宜宾市中级人民法院××号"执行裁定书"裁定扣划被执行人宜宾某城公司、某港运输站有限公司、黄某华、谢某维银行存款1350万元或查封、扣押、提取相应价值的其他财产。

2016年1月28日，四川省自贡市中级人民法院××号民事调解书载明，余某自2013年11月29日至2014年3月30日分两笔向黄某华提供借款500万元。2015年2月23日，黄某华向余某签订还款协议，确认截至2015年2月23日黄某华尚欠余某借款本金500万元、利息90万元。另黄某华还向案外人何某、金某、杨某利共计借款本金4900万元并产生数百万元利息。以上案外人债权均转让给余某。上述所有借款本息均由某港运输站有限公司、宜宾某城公司提供连带责任担保。

原告四川业某公司诉称与被告宜宾某城公司均系第三人临港运输站有限公司的股东，四川业某公司持有某港运输站有限公司12.5%的股份。黄某华系某港运输站有限公司的执行董事，法定代表人。宜宾某城公司、黄某华利用他们控制某港运输站有限公司的优势地位，滥用股东权利，多次以某港运输站有限公司的资产为宜宾某城公司、黄某华的债务进行抵押担保，最后导致某港运输站有限公司的主要资产及主要经营场地，被用于抵偿宜宾某城公司、黄某华的债务，致使某港运输站有限公司的经营处于瘫痪、停滞状态。宜宾某城公司、黄某华的行为给四川业某公司造成了巨大的损失。黄某华作为某港运输站有限公司的执行董事、法定代表人，没有遵循公司法相关规定及公司章程约定，未尽到对某港运输站有限公司的忠诚及其勤勉义务实施了以上行为，对此，应对由此给四川业某公司造成的损失3000万元承担共同赔偿责任。根据《公司法》（2013年修订，本案例下同）第二十条、二十一条等相关规定，公司股东滥用股东权利给其他股东造成损失的，应当依法承担赔偿责任。

宜宾某城公司、黄某华、某港运输站有限公司共同答辩称：（1）在某港运输站建设过程中，所有情况都是向四川业某公司进行了沟通、报告、请示的，四川业某公司一直没有答复，对于四川业某公司的投资款项，某港运输站有限公司也曾积极申请予以退还；（2）关于对外担保抵押的问题，四川业某公司不了解具体情况，只是片面地依据表象提起诉讼，黄某华也在积极维护股东的权益；(3) 四川业某公司也没有履行股东的义务，宜宾某城公司、黄某华和某港运输站有限公司没有侵害四川业某公司的权益，反而是四川业某公司自己不履行股东义务，黄某华报告经营情况的时候四川业某公司一直不理睬，影响某港运输站有限公司的正常经营，对宜宾某城公司造成了巨大损失。

二、法院判决

该案一审、二审均驳回了原告四川业某公司的全部诉讼请求。

三、判决理由

针对宜宾某城公司、黄某华的行为是否损害了四川业某公司利益的问题。四川业某公司主张因宜宾某城公司、黄某华滥用股东权利，将某港运输站有限公司的主要资产及主要经营场地用于抵偿宜宾某城公司、黄某华的债务，给四川业某公司造成了巨大的损失，宜宾某城公司、黄某华应当依法承担赔偿责任。结合全案事实综合认定，四川业某公司的股东利益并未受损，理由如下：

其一，针对宜宾某城公司的行为。宜宾某城公司与四川业某公司均系某港运输站有限公司的股东，宜宾某城公司为控股股东。根据查明的事实，宜宾某城公司以某港运输站有限公司所有、位于四川省宜宾市临港大道的房屋及土地的房屋权及国有土地使用权，为宜宾某城公司借款提供最高额抵押担保，并办理了抵押登记。四川省宜宾市中级人民法院××号《执行裁定书》裁定扣划被执行人某港运输站有限公司银行存款1350万元或查封、扣押、提取相应价值的其他财产。宜宾某城公司利用其控制股东地位，将某港运输站有限公司的资产用作为自己的债务提供担保，造成了某港运输站有限公司被法院强制执行的后果，且宜宾某城公司未提供某港运输站有限公司同意为其担保的股东会决议。宜宾某城公司的行为，使某港运输站公司的有形资产减少，侵害了某港运输站有限公司的法人财产权益，但对四川业某公司的股东利益并未造成直接损害。

其二，针对黄某华的行为。黄某华系宜宾某城公司与某港运输站有限公司的法定代表人、董事长，但非临港运输站有限公司的股东。根据查明的事实，某港运输站有限公司为黄某华的对外借款本息承担连带责任担保，但未提供公司股东会决议。黄某华作为某港运输站有限公司的法定代表人、董事长，利用公司财产为自己的债务提供担保，违反了公司法对董事高管人员要求的忠实义务。但因黄某华不是某港运输站有限公司的股东，与四川业某公司在本案中主张的"公司股东滥用股东权利给其他股东造成损失的，应当依法承担赔偿责任"的请求权基础不一致，属于另一法律关系，且黄某华的行为并未对四川业某公司的股东利益造成直接损害。

其三，关于四川业某公司损失的问题。既然宜宾某城公司、黄某华在本案中的行为不构成对四川业某公司股东权益的单独或者共同侵权，则四川业某公司即便存在任何损失，也无须由宜宾某城公司、黄某华承担。单就损失而言，四川业某公司主张的损失3000万元，系根据某港运输站有限公司资产的评估报告乘以四川业某公司的持股比例计算出，该金额与四川业某公司主张的股东利益受损并无直接联系，四川业某公司无充足证据证明自身损失。

四、案例解析

我国《公司法》严格区分股东利益与公司利益。《公司法》第一条开宗明义地规定"保护公司、股东和债权人的合法权益"，可见，法律将公司利益与股东利益、债权人利益并列，明确阐明公司不仅有独立的人格，还有独立的利益。公司利益与股东利益属于不同的两种法律利益类型，公司拥有独立的利益能够有效保护债权人利益。公司由股东创立，股东以入股财产兑换为股权之后，股东享有的便是股权派生出来的各类自益权和共益权（股东利益）。公司利益是公司对名下的财产、经营成果等（有形财产）以及商业机会、商业字号、名誉等（无形财产）拥有的独立利益。

《公司法》第二十条第二款规定："公司股东滥用股东权利给公司或者其他股东造成损失的，应当依法承担赔偿责任。"第一百五十二条规定："董事、高级管理人员违反法律、行政法规或者公司章程的规定，损害股东利益的，股东可以向人民法院提起诉讼。"从本案事实看，某港运输站有限公司董事长黄某华及控股股东宜宾某城公司的行为，系直接侵害了某港运输站有限公司的利益，而某港运输站有限公司作为独立经营的有限责任公司，具有独立人格，公司利益并不能等同于股东利益，四川业某公司作为公司股东，其受到的只是间接利益损失，而上述法律所规定的股东直接起诉，要求公司股东或公司高级管理人员赔偿的损失一般是指股东享有的知情权、表决权、分红权等直接权益的损失。故，四川业某公司以股东身份上诉要求判令某港运输站有限公司的董事长黄某华及控股股东宜宾某城公司赔偿其股东损失的主张不能成立，未获法院支持。此外，四川业某公司将侵权法相关规定作为其行使请求权的法律依据，但公司法与侵权法的关系是特别法与一般法的关系，特别法优于一般法适用。本案应当适用公司法的规定。

五、律师建议

公司利益与股东利益的边界应依据《公司法》第三条的规定加以讨论："公司是企业法人，有独立的法人财产，享有法人财产权……有限责任公司股东以其认缴的出资额为限对公司承担责任。"故而虽然公司利益的受损会间接影响股东利益，但是两者之间依然存在边界问题，按照《公司法》第四条的规定可知，股东享有资产收益、参与重大决策和选择管理者等权利，在实务中上述权利可以细分为股东身份权、参与决策权、选择权、监督管理者权、资产收益权、知情权、优先受让和认购新股权等，对于侵害股东此处权利的情形，股东有权直接以损害股东利益责任纠纷为由提起诉讼；但公司作为独立法人，对于侵害公司权利的情形，并不一定属于或者包含股东上述权利。例如，侵害公司财产权的情形下，虽然会影响到股东对于公司剩余所有资产的分配权益，但是非未直接侵害，而是间接损害。据此股东仅可以按照《公司法》第一百五十一条的规定发动公司直接诉讼或者股东代表诉讼提起损害公司利益责任纠纷，而不能以公司利益受损间接损害股东利益提起诉讼，诉请损害公司的利益直接向股东个人进行赔偿，此类诉请本身即否定了公司独立人格的存在，显然于法无据，不会得到支持。

六、法律法规依据

1.《公司法》（2013年修订）**第三条**　公司是企业法人，有独立的法人财产，享有法人财产权。公司以其全部财产对公司的债务承担责任。

有限责任公司的股东以其认缴的出资额为限对公司承担责任；股份有限公司的股东以其认购的股份为限对公司承担责任。

2.《公司法》（2023年修订）**第三条**　公司是企业法人，有独立的法人财产，享有法人财产权。公司以其全部财产对公司的债务承担责任。

3.《公司法》（2023年修订）**第四条第一款**　有限责任公司的股东以其认缴的出资额为限对公司承担责任；股份有限公司的股东以其认购的股份为限对公司承担责任。

4.《公司法》（2013年修订）**第十六条**　公司向其他企业投资或者为他人

提供担保，依照公司章程的规定，由董事会或者股东会、股东大会决议；公司章程对投资或者担保的总额及单项投资或者担保的数额有限额规定的，不得超过规定的限额。

公司为公司股东或者实际控制人提供担保的，必须经股东会或者股东大会决议。

前款规定的股东或者受前款规定的实际控制人支配的股东，不得参加前款规定事项的表决。该项表决由出席会议的其他股东所持表决权的过半数通过。

5.《公司法》（2023年修订）第十五条　公司向其他企业投资或者为他人提供担保，按照公司章程的规定，由董事会或者股东会决议；公司章程对投资或者担保的总额及单项投资或者担保的数额有限额规定的，不得超过规定的限额。

公司为公司股东或者实际控制人提供担保的，应当经股东会决议。

前款规定的股东或者受前款规定的实际控制人支配的股东，不得参加前款规定事项的表决。该项表决由出席会议的其他股东所持表决权的过半数通过。

6.《公司法》（2013年修订）第二十条　公司股东应当遵守法律、行政法规和公司章程，依法行使股东权利，不得滥用股东权利损害公司或者其他股东的利益；不得滥用公司法人独立地位和股东有限责任损害公司债权人的利益。

公司股东滥用股东权利给公司或者其他股东造成损失的，应当依法承担赔偿责任。

公司股东滥用公司法人独立地位和股东有限责任，逃避债务，严重损害公司债权人利益的，应当对公司债务承担连带责任。

7.《公司法》（2023年修订）第二十一条　公司股东应当遵守法律、行政法规和公司章程，依法行使股东权利，不得滥用股东权利损害公司或者其他股东的利益。

公司股东滥用股东权利给公司或者其他股东造成损失的，应当承担赔偿责任。

8.《公司法》（2023年修订）第二十三条　公司股东滥用公司法人独立地位和股东有限责任，逃避债务，严重损害公司债权人利益的，应当对公司债务承担连带责任。

9.《公司法》（2013年修订）第一百四十七条　董事、监事、高级管理人员应当遵守法律、行政法规和公司章程，对公司负有忠实义务和勤勉义务。

董事、监事、高级管理人员不得利用职权收受贿赂或者其他非法收入，不得侵占公司的财产。

10.《公司法》（2023 年修订）第一百七十九条　董事、监事、高级管理人员应当遵守法律、行政法规和公司章程。

11.《公司法》（2023 年修订）第一百八十条　董事、监事、高级管理人员对公司负有忠实义务，应当采取措施避免自身利益与公司利益冲突，不得利用职权牟取不正当利益。

董事、监事、高级管理人员对公司负有勤勉义务，执行职务应当为公司的最大利益尽到管理者通常应有的合理注意。

12.《公司法》（2013 年修订）第一百四十八条　董事、高级管理人员不得有下列行为：

（一）挪用公司资金；

（二）将公司资金以其个人名义或者以其他个人名义开立账户存储；

（三）违反公司章程的规定，未经股东会、股东大会或者董事会同意，将公司资金借贷给他人或者以公司财产为他人提供担保；

（四）违反公司章程的规定或者未经股东会、股东大会同意，与本公司订立合同或者进行交易；

（五）未经股东会或者股东大会同意，利用职务便利为自己或者他人谋取属于公司的商业机会，自营或者为他人经营与所任职公司同类的业务；

（六）接受他人与公司交易的佣金归为己有；

（七）擅自披露公司秘密；

（八）违反对公司忠实义务的其他行为。

董事、高级管理人员违反前款规定所得的收入应当归公司所有。

13.《公司法》（2023 年修订）第一百八十一条　董事、监事、高级管理人员不得有下列行为：

（一）侵占公司财产、挪用公司资金；

（二）将公司资金以其个人名义或者以其他个人名义开立账户存储；

（三）利用职权贿赂或者收受其他非法收入；

（四）接受他人与公司交易的佣金归为己有；

（五）擅自披露公司秘密；

（六）违反对公司忠实义务的其他行为。

14.《公司法》（2023 年修订）第一百八十六条　董事、监事、高级管理人员违反本法第一百八十一条至第一百八十四条规定所得的收入应当归公司所有。

15.《公司法》（2013 年修订）第一百四十九条　董事、监事、高级管理人员执行公司职务时违反法律、行政法规或者公司章程的规定，给公司造成损失的，应当承担赔偿责任。

16.《公司法》（2023年修订）第一百八十八条　董事、监事、高级管理人员执行职务违反法律、行政法规或者公司章程的规定，给公司造成损失的，应当承担赔偿责任。

17.《公司法》（2013年修订）第一百五十二条　董事、高级管理人员违反法律、行政法规或者公司章程的规定，损害股东利益的，股东可以向人民法院提起诉讼。

18.《公司法》（2023年修订）第一百九十条　董事、高级管理人员违反法律、行政法规或者公司章程的规定，损害股东利益的，股东可以向人民法院提起诉讼。

案由 损害公司利益责任纠纷

周某春与某中国投资有限公司、李某慰、彭某傑及第三人湖南某公司损害公司利益责任纠纷案

杨志元[*]

一、案情简介

原告周某春系湖南某公司的股东，被告某中国投资有限公司（以下简称"某中国公司"）系本案第三人湖南某公司、某投资有限公司实际控制人；被告李某慰从2005年起担任某投资公司董事，2005年至2011年11月任湖南某公司董事，2011年11月至今任湖南某公司董事长、法定代表人；被告彭某傑2005年起担任某投资公司董事，2005年至今任湖南某公司董事、总经理。2005年9月至10月期间，上述三名被告利用其对湖南某公司的控制和管理地位，将湖南某公司的7 508 250元人民币转入案外人公司账户；随后经案外人公司兑换成港币后汇入某中国公司实际控制的某投资公司。某投资公司收到上述款项后，向湖南某公司发传真确认收到湖南某公司通过第三方汇入的港币7 100 000.68元，并承诺2005年10月10日转回。但某投资公司并未转回上述款项。此外被告还存在其他未尽到公司高级管理人员忠实勤勉义务、利用关联交易或相互串通谋取公司商业机会等情形损害公司利益。原告要求判令三名被告赔偿各项损失共计九千余万及相应的利息。被告某中国公司、李某慰、彭某傑共同答辩称：原告未履行提起股东代表诉讼的前置程序，且周某春的诉讼请求均无事实和法律依据，三名被告没有损害湖南某公司利益，请求法院依法驳

---

[*] 杨志元（1982年7月— ），男，四川精伦律师事务所专职律师。

回起诉或驳回周某春的全部诉讼请求。第三人湖南某公司陈述意见为：同意三被告的答辩意见，请求驳回周某春的起诉。

二、法院判决

一审法院裁定：驳回周某春起诉。
二审法院裁定：撤销一审法院裁定，并指定一审法院审理。

三、判决理由

一审法院经审查后认为：本案系周某春代表湖南某公司提起的股东代表诉讼。依据《公司法》（2018年修订，本案例下同）第一百五十一条的规定，周某春代表湖南某公司提起诉讼，应先履行《公司法》第一百五十一条有关股东代表诉讼的前置程序。虽然周某春主张已向湖南某公司监事周某科书面申请提起诉讼，并提交了2010年11月18日湖南某公司的董事会决议，拟证明周某科为湖南某公司监事。但一审法院认为湖南省长沙市中级人民法院（2012）长中民四初字第0590号案件已对该董事会决议的真实性不予确认，该判决为生效判决。因此周某春并未完成提起股东代表诉讼的前置条件。同时一审法院认为，湖南某公司董事会共有董事五人，即李某慰、李某心、彭某杰、庄某农、周某春，周某春作为本案原告起诉其中两名董事李某慰、彭某杰，董事会仍有可能形成多数表决意见来提起诉讼；周某春也可依法通过书面请求湖南某公司董事会来提起诉讼，若董事会拒绝提起诉讼或三十日内未提起诉讼，周某春方可提起本案股东代表诉讼。故一审法院对于周某春未履行上述前置程序而直接提起股东代表诉讼不予支持，裁定驳回周某春起诉。

周某春对一审裁定不服，上诉至最高人民法院。最高人民法院经审理查明：湖南某公司系2002年在湖南省工商行政管理局注册成立，注册资本为1000万元，股东为周某春、范某某（两人系夫妻关系）。2004年经湖南省人民政府批准，湖南某公司变更为有限责任公司（台港澳与境内合资），公司注册资本增加至人民币2500万元。其中周某春出资人民币250万元，持股比例10%；某投资有限公司出资人民币2250万元，持股比例90%。湖南某公司《中外合资经营企业章程》第十五条规定：董事会由五名董事组成，其中一名由周某春出任，某余四名由某投资有限公司委派，董事长由某投资公司指定。2011年12月29日，湖南某公司的法定代表人由范某某变更为李某慰。湖南某公司董事会由李某慰（董事长）、彭某傑、庄某农、李某心、周某春组成。另查明，某中国公司2004年至2017年财政年度业绩报告载明，李某心、彭某傑、李某慰系某中国公司董事，庄某农系某中国公司高层管理人员。

最高人民法院认为：股东先书面请求公司有关机关向人民法院提起诉讼，是股东提起代表诉讼的前置程序。但是，该项前置程序针对的是公司治理的一般情况，即在股东向公司有关机关提出书面申请之时，存在公司有关机关提起诉讼的可能性。本案中，李某慰、彭某傑为湖南某公司董事，周某春以李某慰、彭某傑为被告提起股东代表诉讼，应当先书面请求湖南某公司监事会或者监事提起诉讼。但是，在二审询问中，湖南某公司明确表示该公司没有工商登记的监事和监事会。周某春对该公司董事李某慰、彭某傑提起股东代表诉讼的前置程序客观上无法完成。并且，《公司法》第一百五十一条第三款规定："他人侵犯公司合法权益，给公司造成损失的，本条第一款规定的股东可以依照前两款的规定向人民法院提起诉讼。"某中国公司不属于湖南某公司董事、监事或者高级管理人员，因湖南某公司未设监事会或者监事，周某春针对某中国公司提起代表诉讼的前置程序应当向湖南某公司董事会提出，但是，根据查明的事实，湖南某公司董事会由李某慰（董事长）、彭某傑、庄某农、李某心、周某春组成。除周某春以外，湖南某公司其他四名董事会成员均为某中国公司董事或高层管理人员，与某中国公司具有利害关系，基本不存在湖南某公司董事会对某中国公司提起诉讼的可能性，再要求周某春完成对某中国公司提起股东代表诉讼的前置程序已无必要。遂裁定：撤销一审法院裁定，并指定一审法院审理。

四、案例解析

本案为股东代表诉讼，亦称股东派生诉讼，指当公司怠于通过诉讼追究给公司利益造成损害的经营者的责任以维护公司利益时，具备法定资格的股东有权以自己的名义代表公司提起诉讼，而所得赔偿归于公司的一种诉讼机制。依据《公司法》第一百五十一条的规定，股东提起代表权诉讼应当满足下列条件：（1）原告为有限责任公司的股东、股份有限公司连续一百八十日以上单独或者合计持有公司百分之一以上股份的股东；（2）公司董事、监事、高级管理人员执行公司职务时违反法律、行政法规或者公司章程的规定，给公司造成损失，应当承担赔偿责任的；（3）已经向公司有权机关书面请求提起诉讼；（4）公司的有关机关怠于通过诉讼追究给公司利益造成损害的经营者的责任以维护公司利益。

因此，股东向公司有权机关书面请求提起诉讼属于股东提起代表诉讼的前置条件。即董事、高级管理人员在执行公司职务时违反法律、行政法规或者公司章程的规定，给公司造成损失的，股东应当书面请求监事会或者不设监事会的有限责任公司的监事向人民法院提起诉讼；监事在执行公司职务时违反法律、行政法规或者公司章程的规定，给公司造成损失的，股东应当书面请求董事会或者不设董事会的有限责任公司的执行董事向人民法院提起诉讼；他人侵犯公司合法权益，给公司造成损失的，股东应当分别向董事会或者不设董事会的有限责任公司的执行董事、监事会或者不设监事会的有限责任公司的监事书面申请提起诉讼，公司有权机关怠于提起诉讼的，股东才能提起股东代表诉讼。

但本案确立的裁判规则突破了《公司法》第一百五十一条的明确规定，允许股东在"请求无用"的情形下可以不经过前置程序直接向人民法院提起诉讼。该种裁判规则吸收了英美法系关于股东派生诉讼的相关规定。美国《联邦民事诉讼规则》第23.1条规定："起诉状还应声称原告已经作出具体的努力请求董事会或类似机构提起他所希望的诉讼，或者具体说明不能达此目的或不作任何努力的原因。"

同时，从立法目的角度考察，设立公司股东代表诉讼的目的之一在于保护中小股东的合法权益，在"请求无用"的前提下允许公司股东不经过前置程序，直接提起股东代表诉讼，符合《公司法》设立股东代表诉讼的这一立法目的。正如最高人民法院审判法官在本案裁判文书中所说，"该项前置程序针对的是公司治理的一般情况，即在股东向公司有关机关提出书面申请之时，存在公司有关机关提起诉讼的可能性""湖南某公司明确表示该公司没有工商登记的监事和监事会。周某春对该公司董事李某慰、彭某杰提起股东代表诉讼的前置程序客观上无法完成""除周某春以外，湖南某公司其他四名董事会成员均为某中国公司董事或高层管理人员，与某中国公司具有利害关系，基本不存在湖南某公司董事会对某中国公司提起诉讼的可能性，再要求周某春完成对某中国公司提起股东代表诉讼的前置程序已无必要"。

五、律师建议

本案为最高人民法院公报案例，具有较强的参考意义，同时最高人民法院《关于印发〈全国法院民商事审判工作会议纪要〉的通知》（法〔2019〕254

号）第二十五条也做了类似规定，但遗憾的是公布新修订的《公司法》（2023年修订）中并未对"请求无用"时股东可以直接提起诉讼的作出规定。

此外，因为股东不经过前置程序直接诉讼，应承担更多的举证责任，因此当事人在遇到类似案件时也可以选择依照《公司法》第一百五十一条的规定，书面申请公司有权机关提起诉讼，并保存相关的证据。

六、法律法规依据

1.《公司法》（2018年修订）第一百四十八条 董事、高级管理人员不得有下列行为：

（一）挪用公司资金；

（二）将公司资金以其个人名义或者以其他个人名义开立账户存储；

（三）违反公司章程的规定，未经股东会、股东大会或者董事会同意，将公司资金借贷给他人或者以公司财产为他人提供担保；

（四）违反公司章程的规定或者未经股东会、股东大会同意，与本公司订立合同或者进行交易；

（五）未经股东会或者股东大会同意，利用职务便利为自己或者他人谋取属于公司的商业机会，自营或者为他人经营与所任职公司同类的业务；

（六）接受他人与公司交易的佣金归为己有；

（七）擅自披露公司秘密；

（八）违反对公司忠实义务的其他行为。

董事、高级管理人员违反前款规定所得的收入应当归公司所有。

2.《公司法》（2023年修订）第一百八十一条 董事、监事、高级管理人员不得有下列行为：

（一）侵占公司财产、挪用公司资金；

（二）将公司资金以其个人名义或者以其他个人名义开立账户存储；

（三）利用职权贿赂或者收受其他非法收入；

（四）接受他人与公司交易的佣金归为己有；

（五）擅自披露公司秘密；

（六）违反对公司忠实义务的其他行为。

3.《公司法》（2023年修订）第一百八十六条 董事、监事、高级管理人员违反本法第一百八十一条至第一百八十四条规定所得的收入应当归公司所有。

4.《公司法》（2018年修订）第一百四十九条 董事、监事、高级管理人员执行公司职务时违反法律、行政法规或者公司章程的规定，给公司造成损失的，应当承担赔偿责任。

5.《公司法》（2023年修订）第一百八十八条　董事、监事、高级管理人员执行职务违反法律、行政法规或者公司章程的规定，给公司造成损失的，应当承担赔偿责任。

6.《公司法》（2018年修订）第一百五十一条　董事、高级管理人员有本法第一百四十九条规定的情形的，有限责任公司的股东、股份有限公司连续一百八十日以上单独或者合计持有公司百分之一以上股份的股东，可以书面请求监事会或者不设监事会的有限责任公司的监事向人民法院提起诉讼；监事有本法第一百四十九条规定的情形的，前述股东可以书面请求董事会或者不设董事会的有限责任公司的执行董事向人民法院提起诉讼。

监事会、不设监事会的有限责任公司的监事，或者董事会、执行董事收到前款规定的股东书面请求后拒绝提起诉讼，或者自收到请求之日起三十日内未提起诉讼，或者情况紧急、不立即提起诉讼将会使公司利益受到难以弥补的损害的，前款规定的股东有权为了公司的利益以自己的名义直接向人民法院提起诉讼。

他人侵犯公司合法权益，给公司造成损失的，本条第一款规定的股东可以依照前两款的规定向人民法院提起诉讼。

7.《公司法》（2023年修订）第一百八十九条　董事、高级管理人员有前条规定的情形的，有限责任公司的股东、股份有限公司连续一百八十日以上单独或者合计持有公司百分之一以上股份的股东，可以书面请求监事会向人民法院提起诉讼；监事有前条规定的情形的，前述股东可以书面请求董事会向人民法院提起诉讼。

监事会或者董事会收到前款规定的股东书面请求后拒绝提起诉讼，或者自收到请求之日起三十日内未提起诉讼，或者情况紧急、不立即提起诉讼将会使公司利益受到难以弥补的损害的，前款规定的股东有权为公司利益以自己的名义直接向人民法院提起诉讼。

他人侵犯公司合法权益，给公司造成损失的，本条第一款规定的股东可以依照前两款的规定向人民法院提起诉讼。

公司全资子公司的董事、监事、高级管理人员有前条规定情形，或者他人侵犯公司全资子公司合法权益造成损失的，有限责任公司的股东、股份有限公司连续一百八十日以上单独或者合计持有公司百分之一以上股份的股东，可以依照前三款规定书面请求全资子公司的监事会、董事会向人民法院提起诉讼或者以自己的名义直接向人民法院提起诉讼。

案由 股东损害公司债权人利益责任纠纷、侵权责任纠纷

某担保公司诉某资产管理公司等公司债权人利益责任纠纷案

万予卓[*]

一、案情简介

1997年至2001年,某星公司为主债务人某某公司在工商银行的债务本金人民币6663万元、美元480万元及相应利息提供连带责任保证;2005年,工商银行将该笔债权一并转让给某东方资产管理公司办事处;2006年,某星公司经某市国资委同意将所持某微公司的2000万国有法人股移转至某市政府进行相应处理与安置;2008年,某市国资委经某市政府同意,在报某省国资委、国务院均审核批准后,将上述国有法人股无偿划转给某信用担保公司,并于2009年1月15日办理完毕了过户登记手续,同时某微公司发布了相应公告。2009年,某东方资产管理公司办事处将上述受移转的债权转让给某国资公司,2011年,某国资公司起诉某星公司履行担保责任案(以下简称"某星公司担保责任案"),因诉讼期间某国资公司转让该笔债权给某资产管理公司,遂某星公司担保责任案的原告变更为某资产管理公司;同年,某星公司申请破产,某资产管理公司依法向某星公司破产管理人申报了债权;后某区法院裁定终结某星公司的破产清算程序,由于某星公司的财产不足以清偿第一顺位劳动债权,同时某星公司担保责任案尚未审结,因此其所涉债权并未被确认为普通破产债权;2013年,某星公司经核准进行注销登记;同年,某星公司担保责任案经

---

[*] 万予卓(1998年9月28日—),女,四川精伦律师事务所专职律师。

某省高院判决某资产管理公司对某星公司享有担保债权，后经最高人民法院判决驳回上诉、维持原判。

同时，2011年，某资产管理公司以某星公司和某担保公司为被告向某省高院提起债权人撤销权之诉，请求撤销两被告之间的股权转让协议，审理期间，某市政府出具《说明函》表明该持有股权一事属于企业改制行政行为，鉴于此，该起诉被某省高院驳回；某资产管理公司提起上诉，2013年，最高人民法院认为该行为实质为某市国资委作为出资人处分某星公司财产的行为，应当作为民事案件予以受理，于是裁定撤销原一审裁定，指派某区法院一审，2015年，某资产管理公司经法院准许后撤回起诉。

同日，某资产管理公司向本案一审法院提起诉讼，请求：（1）某担保公司在无偿接收某星公司持有的某微公司2000万股股权受益范围内，就某星公司对债务本息20924万元承担连带偿还责任；（2）某市国资委在其滥用股东权利无偿划转2000万元股权范围内对该债务本息承担连带偿还责任。

因某担保公司不服一审判决，向最高人民法院提起上诉，请求：（1）撤销一审判决；（2）驳回某资产管理公司的一审诉讼请求。某资产管理公司认为，本案实质为破产债权人撤销权之诉，某资产管理公司应当依《中华人民共和国企业破产法》（以下简称《企业破产法》）、《合同法》的规定主张撤销权，参与某星公司破产财产的分配，认为侵权是指侵害物权、人身权，债权并不属于《民法通则》的保护范围，同时某资产管理公司与某担保公司间不具有侵权行为的法律关系，某担保公司也无过错，因此一审判决程序违法、认定事实不清、适用法律错误。

二、法院判决

一审判决结果：（1）某担保公司在其无偿接收某星公司持有的某微公司2000万股股权受益范围内，对某星公司所欠某资产管理公司的20924万元债务本息承担连带清偿责任；（2）驳回某资产管理公司的其他诉讼请求。

二审判决结果：（1）撤销某省高院作出的一审判决；（2）某担保公司于本判决生效之日起十日内在其无偿接收某星公司持有的某微公司1600万股股权受益范围内，对某星公司所欠某资产管理公司的20 924万元债务本息承担赔偿责任；（3）驳回某资产管理公司的其他诉讼请求。

三、判决理由

1. 一审法院的判决理由如下：

（1）关于某担保公司是否应在接收 2000 万股范围内对某资产管理公司承担连带偿还责任，法院认为：某担保公司、某星公司与某资产管理公司之间的纠纷属于侵权责任纠纷。某星公司在承担保证责任期间将所持有股权无偿转让给某担保公司，造成了事实上担保财产的减少，某星公司无偿转让与某担保公司无偿受让时，均未对某星公司的原有债务进行处理，也未征得债权人的同意，该行为侵犯了债权人权利，造成了债权的损害。某担保公司应当在无偿接收的收益范围内与某星公司承担连带偿还责任。

（2）关于某市国资委是否应在此范围内对某资产管理公司承担连带清偿责任，法院认为：某市国资委与某资产管理公司之间的纠纷属于股东损害债权人利益责任纠纷。某市国资委属于国有资产监督管理机构，是负责管理、监督国有资产的出资人，与公司法上的股东享有同等的法律地位，本案中某资产管理公司可以通过某担保公司承担赔偿责任而获得救济，并未因某市国资委的权利行使受到损失，因此某资产管理公司以某国资委滥用公司法人独立地位和股东有限责任为由要求其承担连带责任于法无据。

（3）关于本案案由如何确定，法院认为：根据某资产管理公司的诉讼请求可知，本案存在多个法律关系，因此本案案由应确定为侵权责任纠纷、股东损害公司债权人利益责任纠纷。

2. 二审法院的判决理由如下：

（1）一审程序并未违法。一审法院立案时将本案案由确定为合同纠纷，在庭审中某资产管理公司变更诉讼请求，因此法院根据其变更后的诉讼请求确定本案案由为侵权责任纠纷、股东损害债权人利益责任纠纷，并无不当；在本案诉讼之前，某星公司已经办理完毕企业法人注销登记，其不具有主体资格，因此一审法院未追加某星公司为本案被告，并无不妥。

（2）某担保公司主张某资产管理公司应根据《企业破产法》《合同法》的规定主张赔偿的理由不成立。当前有生效判决认定某资产管理公司对某星公司享有担保债权，该判决发生效力时某星公司已经注销，案涉担保债权未获清偿，因此某资产管理公司的担保债权合法有效。首先，某资产管理公司在某星公司破产申请受理后依法向破产管理人申报了债权，但某资产管理公司因不可归责于自身的事由未能参与破产财产分配，案涉股权不属于可以追加分配的财产，且目前破产清算程序已经终结，其担保债权不能通过破产程序进行救济，不能依据《企业破产法》的规定行使权利；其次，某星公司已经破产清算终结超过两年，某资产管理公司也无法依据《合同法》对股权无偿划转行为进行撤销，因此某担保公司认为某资产管理公司应当通过破产程序进行救济的说法不成立。

（3）某担保公司应承担侵权责任。某星公司因为资不抵债而申请改制，实质上是由某市国资委履行出资人职责，改制单位某星公司无偿划转国有资产给某担保公司，通过三方互相配合从而落实企业改制方案。某星公司向政府部门请示时企业已经资不抵债，对此某担保公司知道或应当预见，某星公司具有逃避债务的主观故意，某担保公司不能证明取得股权权利时支付了合理对价，因此其行为属于配合某星公司逃废债，具有侵犯他人财产权的主观过错，直接损害了某星公司的债权人财产利益。

某星公司将案涉股权划转至某担保公司后即进入破产程序，该股权划转行为与某星公司客观上偿债能力降低、涉案担保债权不能实现具有直接因果关系，而因某资产管理公司不能突破合同相对性向第三人即股权受让方某担保公司主张权利，因此适用侵权责任向某担保公司追偿，是保护财产权益的必要手段。

某资产管理公司自受让担保债权以来一直寻求救济途径，提起本案系因权利救济途径已经穷尽而非急于主张权利或规避破产程序，某资产管理公司的普通债权个别受偿并未侵害某星公司其他债权人的财产权益，不违反债权公平受偿原则。

（4）某担保公司是具有国有出资背景的企业，接收案涉股权具有一定的被动性，不具有与某星公司共同侵犯他人财产权益的主观故意，某担保公司与某星公司不构成共同侵权，某担保公司不应当承担连带清偿责任。

（5）某资产管理公司作为专门收购不良资产的企业法人，应当对收购标的物的风险具备专业核查和判断能力，同时某担保公司接收案涉股权时与接收后履行股东职责的行为具有一定的被动性，酌定某担保公司在无偿接收案涉股权80%的范围内承担相应的赔偿责任。

四、案例解析

某星公司是负有连带责任保证义务的担保债务人；某市国资委作为国有监督管理机构，是某星公司具有管理、监督职责的出资人，其地位相当于公司法中的股东，而某市国资委作为特殊的股东，在某星公司资不抵债的实际情况下，将濒临破产的某星公司大部分还具有实质价值的财产即2000万股国有股权进行无偿转让，从而导致某星公司的破产财产总价值仅剩371.86万元，尚不足以清偿第一顺位劳动报酬，自然更不可能清偿不属于第一顺位的破产债权，原本对某星公司享有的20924万元担保债权的债权人某资产管理公司因此遭受重大损害，这是股东滥用公司法人独立地位逃避债务，严重损害公司债权人利益的行为，也是股东某市国资委滥用权利，以企业改制的行政行为，规避法人人格否认制度下法律对其过错追究的行为。

某星公司对某资产管理公司负有担保责任，应该以其全部财产承担责任，但由于目前其已经破产清算后注销完毕，不具有民事主体地位，无法承担担保责任，所以即使其对于无偿移转国有股权的行为具有主观故意的过错，但因为其主体资格现已灭失，所以某资产管理公司已经不能向其追偿，只能通过其他方式救济自己的财产权益。

但由于本案情形过于特殊，某市国资委作为政府部门，属于与《公司法》上的股东享有同等法律地位的出资人，而案涉股权的无偿划转具有国有企业改制的特殊背景，某市国资委进行的划转是在政府主管部门指导和核准后才完成的，因此不能直接以普通公司股东对某市国资委的地位进行认定，而是应当将其作为具有国有资产管理监督职能的出资人，就其出资人权利行使与债权人利益保护之间产生的冲突，在适用《公司法》（2013年修订，本案例下同）第二十条的情形下进行综合考虑。其中需要注意的是，《公司法》第二十条属于衡平性条款，即只有在债权人利益通过其他途径无法获得救济时，才可以适用公司人格否认制度对自身的合法权益进行救济。而本案复杂之处就在于，该制度没有适用的必要，因为某担保公司作为具有过错的无偿受让方，应当承担因其无偿受让该股权而对某资产管理公司造成损失的责任，因此某市国资委的权利行使行为对某资产管理公司债权产生的损害，可以通过由某担保公司承担赔偿责任获得救济，某资产管理公司并未受到损失，因此，本案没有适用《公司法》第二十条追究某市国资委相应责任的必要。

首先，某担保公司无偿接收股权的行为与某星公司客观上偿债能力降低、涉案担保债权不能实现的结果具有直接因果关系，而某资产管理公司不能突破合同相对性向第三人即依照《合同法》向某担保公司主张权利，这并不符合公平原则，因此需要通过侵权责任中的因果关系对该过错行为进行传导，由通过过错行为获得财产利益的某担保公司对遭受了巨大损失的某资产管理公司进行赔偿，从而真正做到公平正义。其次，因为某担保公司在明知或应当知道某星公司已经资不抵债的情形下，依然配合某星公司进行无偿的股权转让与受让，具有帮助某星公司逃废债务的主观故意；而某资产管理公司已经通过寻求向主债务人及某星公司提起诉讼要求偿还债务与履行担保责任、在某星公司进入破产程序后，积极申报债权、就案涉股权无偿划转行为行使了债权人撤销权等多个途径救济后均失败，因此寻求《民法通则》对财产权益进行保护是完全具有合法必要性的。

五、律师建议

本案案由为股东损害债权人利益，对于此类案情，常见的有股东怠于履行出资义务、股东抽逃出资、公司人格否认、公司解散后恶意处置公司财产等形式，而实践中的情形复杂且多变，具有很多特殊外观，如本案例所述的情况，公司具有独立的人格，即法律上的主体资格，可是有时个别股东或特殊的出资人（如本案）滥用特权或者滥用其对公司的控制支配地位，将公司的意思与自己的意思相混同，或者将公司的财产与自己的财产相混同，致使公司意思与个人意思、公司财产与个人财产无法区分，利用个人特权或主导地位，通过损害债权人利益，为个人或利益关联公司谋取利益等等，这些都是股东、债权人、公司本身均应该极力避免发生的，如《公司法》第二十条所规定的情形，其实很多时候在实务中，是很难证明"股东滥用公司法人独立地位和股东有限责任，侵害债权人利益"存在的，而这一情形将导致债权人的财产权益受到重大损害，公司因资不抵债被破产清算、股东被要求提前履行出资义务或对公司债务承担连带责任等后果的发生，给公司、股东、债权人带来难以估量的时间损失和财产损失。

为了避免上述情况的发生，公司债权人首先应当注意在主债权债务关系发生时做好尽职调查，运用专业的考察与判断能力，判断目标公司是否具有公司与股东意思混同、财产混同的外观表现，从一开始即避免公司因清偿能力不足或清偿能力被恶意损害导致的债权人方财产受损；若已经产生债权债务关系，那么债权人应当实时关注债务公司的财产状况及清偿能力，及时通过协调沟通确定债务清偿问题，必要时可以通过法律手段保全财产或提起诉讼。而公司股东同样不能掉以轻心，股东们应当对公司各股东权利的行使互相监督、促进公司内部事务处理程序的严格化、规范化，从而保障自己的权益，更保障公司的权益；若已经实际发生该情形，则应当尽力收集并适时出具自身依法依规行使股东职责，并不存在过错或过失的证据材料，尽可能地去避免公司被破产清算后的出资责任与自身财产与公司财产客观混同导致的连带责任。

六、法律法规依据

1.《合同法》第七十四条 因债务人放弃其到期债权或者无偿转让财产，对债权人造成损害的，债权人可以请求人民法院撤销债务人的行为。债务人以明显不合理的低价转让财产，对债权人造成损害，并且受让人知道该情形的，债权人也可以请求人民法院撤销债务人的行为。

撤销权的行使范围以债权人的债权为限。债权人行使撤销权的必要费用，由债务人负担。

2.《民法典》第五百三十八条 债务人以放弃其债权、放弃债权担保、无偿转让财产等方式无偿处分财产权益，或者恶意延长其到期债权的履行期限，影响债权人的债权实现的，债权人可以请求人民法院撤销债务人的行为。

3.《民法通则》第一百一十七条 侵占国家的、集体的财产或者他人财产的，应当返还财产，不能返还财产的，应当折价赔偿。

损坏国家的、集体的财产或者他人财产的，应当恢复原状或者折价赔偿。

受害人因此遭受其他重大损失的，侵害人并应当赔偿损失。

4.《民法典》第一百二十条 民事权益受到侵害的，被侵权人有权请求侵权人承担侵权责任。

5.《企业破产法》第一百二十三条 自破产程序依照本法第四十三条第四款或者第一百二十条的规定终结之日起二年内，有下列情形之一的，债权人可以请求人民法院按照破产财产分配方案进行追加分配：

（一）发现有依照本法第三十一条、第三十二条、第三十三条、第三十六条规定应当追回的财产的；

（二）发现破产人有应当供分配的其他财产的。

有前款规定情形，但财产数量不足以支付分配费用的，不再进行追加分配，由人民法院将其上交国库。

6.《公司法》（2013 修正）第二十条 公司股东应当遵守法律、行政法规和公司章程，依法行使股东权利，不得滥用股东权利损害公司或者其他股东的利益；不得滥用公司法人独立地位和股东有限责任损害公司债权人的利益。

公司股东滥用股东权利给公司或者其他股东造成损失的，应当依法承担赔偿责任。

公司股东滥用公司法人独立地位和股东有限责任，逃避债务，严重损害公司债权人利益的，应当对公司债务承担连带责任。

7.《公司法》（2018 修正）第二十条 公司股东应当遵守法律、行政法规和公司章程，依法行使股东权利，不得滥用股东权利损害公司或者其他股东的利益；不得滥用公司法人独立地位和股东有限责任损害公司债权人的利益。

公司股东滥用股东权利给公司或者其他股东造成损失的，应当依法承担赔偿责任。

公司股东滥用公司法人独立地位和股东有限责任，逃避债务，严重损害公司债权人利益的，应当对公司债务承担连带责任。

8.《公司法》（2023 年修订）第二十一条 公司股东应当遵守法律、行政法规和公司章程，依法行使股东权利，不得滥用股东权利损害公司或者其他股东的利益。

公司股东滥用股东权利给公司或者其他股东造成损失的，应当承担赔偿责任。

9.《公司法》（2023 年修订）第二十三条 公司股东滥用公司法人独立地位和股东有限责任，逃避债务，严重损害公司债权人利益的，应当对公司债务承担连带责任。

10.《最高人民法院关于适用〈中华人民共和国企业破产法〉若干问题的规定（二）》第十三条 破产申请受理后，管理人未依据企业破产法第三十一条的规定请求撤销债务人无偿转让财产、以明显不合理价格交易、放弃债权行为的，债权人依据合同法第七十四条等规定提起诉讼，请求撤销债务人上述行为并将因此追回的财产归入债务人财产的，人民法院应予受理。

相对人以债权人行使撤销权的范围超出债权人的债权抗辩的，人民法院不予支持。

11.《最高人民法院关于适用〈中华人民共和国企业破产法〉若干问题的规定（二）》（2020 修正）第十三条 破产申请受理后，管理人未依据企业破产法第三十一条的规定请求撤销债务人无偿转让财产、以明显不合理价格交易、放弃债权行为的，债权人依据民法典第五百三十八条、第五百三十九条等规定提起诉讼，请求撤销债务人上述行为并将因此追回的财产归入债务人财产的，人民法院应予受理。

相对人以债权人行使撤销权的范围超出债权人的债权抗辩的，人民法院不予支持。

案由 实际控制人损害公司债权人利益责任纠纷

李某诉储其源损害公司债权人利益责任纠纷案

王 维[*]

一、案情简介

原告李某与第三人卢某公司的建筑工程合同纠纷两案生效判决，第三人对原告具有支付工程款项及违约金义务。两案判决生效后，原告申请执行时发现第三人无可供执行财产线索，执行法院终结执行。上述两案执行期间，被告担任第三人法定代表人。根据××号刑事判决书，载明在执行期间金某公司收到良某公司转账来的1000万元，同时标明该款系代第三人卢某公司收。良某公司与第三人卢某公司有"联合建设经营合作"项目，良某公司应当将1000万元项目开发款汇入卢某公司账户，卢某公司的员工说卢某公司名下有未了民事案件，银行账户被法院冻结用不了，所以汇给了金某公司。工商查询记录证明，金某公司法定代表人系储某源，股东为卢某公司。卢某公司发函指定良某公司将合作项目款汇入金某公司。

原告诉讼请求称被告储某源作为卢某公司实际控制人，滥用公司控制权，严重损害债权人利益，应对该公司债务承担连带责任。

被告储某源辩称：（1）自己不是第三人的实际控制人，也不是股东，其法定代表人身份是控股股东指派，在2016年被告已退休。1000万元转款行为不

---

[*] 王维（1981年6月— ），女，四川精伦律师事务所专职律师，现任广安思源农村商业银行股份有限公司外部监事，雅安天全农村商业银行股份有限公司外部监事，曾获第一届四川省律师"十佳辩护词"。

是被告个人行为，良某公司是受第三人的控制人张某指令转款。(2) 刑事判决书不能直接作为本案裁判依据。(3) 适用公司法人格否认要求实际控制人向债权人承担责任没有法律依据，仅在清算、解散特定情形才会发生，本案不属于前述情形。(4) 会议纪要不可作为裁判依据，仅可作为参考，纪要中虽然规定了实际控制人承担连带责任的情况，但根据时间效力无法作为本案裁判依据，且纪要之后的司法解释也没有采纳纪要规定实际控制人承担连带责任，实际上从法律和司法解释层面否定了纪要的规定。

第三人卢某公司未发表述称意见。

法院对上述案件事实予以确认，另查明广东卢某公司系卢某公司占股比例99.85%的大股东。

本案争议焦点有如下两点：(1) 被告储某源是否系卢某公司实际控制人？(2) 若储某源能够实际支配卢某公司，被告支配卢某公司的行为是否与原告李某的损失之间存在因果关系？

二、法院判决

一审判决结果：驳回原告全部诉讼请求。
二审判决结果：驳回上诉，维持原判。

三、判决理由

一审法院认为：本案中，原告李某主张储某源系卢某公司实际控制人的证据主要是刑事判决书中认定的事实，一审法院认为，刑事判决书中主要查明储某源对包括良某公司转给金某公司的1000万元在内的卢某公司财产线索未向法院如实申报，在隐匿、转移该公司财产的过程中存在犯罪故意，但并未对储某源是否系卢某公司实际控制人作出直接认定。根据现有证据，无法证明储某源能够实际支配卢某公司的行为与李某的损失之间存在因果关系，属于证据不足以证明其事实主张的情形。

二审法院认为：最高人民法院关于《公司法》（2018年修订，本案例下同）第二十条之立法目的涵盖公司实际控制人滥用公司法人人格之情形的意见，殊值赞同，法院予以采纳。但储某源承担责任的前提是其确系卢某公司的实际控制人，李某未能举证证明储某源系卢某公司的实际控制人，对于其上诉理由，不予采纳，应予驳回。

四、案例解析

上述案件一审、二审法院未支持原告要求被告承担连带责任的原因，系原告未能证明被告系第三人公司的实际控制人。二审法院在判决理由中说明若原告能证明被告实际控制人的身份并滥用公司法人人格的，法院对此观点予以赞同。所以，本文从以下两点对类似相同案件进行分析。

1. "实际控制人"的认定。

《公司法》第二百一十六条第三款，对"实际控制人"的含义进行了明确的说明：实际控制人，是指虽不是公司的股东，但通过直接或间接投资关系控制公司的人、通过协议关系达到实际控制公司行为目的的人、通过亲属关系等其他联系取得公司控制权的人。

从文义解释分析，《公司法》规定的实际控制人指的是：不直接持有公司股权，表面上看虽然与公司不存在任何投资持股关系，但通过协议或者其他安排，能够实际支配公司行为的人。实际控制人一般具备三个特征：一是身份上不具有股东资格；二是其控制公司的机制和依据是非股东机制，包括投资关系、合同与其他安排；三是"能够实际支配公司行为"。

2. "实际控制人"滥用公司控制权，损害公司债权人利益时承担的赔偿责任。

《公司法》第二十一条规定："公司的控股股东、实际控制人、董事、监事、高级管理人员不得利用其关联关系损害公司利益。违反前款规定，给公司造成损失的，应当承担赔偿责任。"《公司法》第二十条规定："公司股东应当遵守法律、行政法规和公司章程，依法行使股东权利，不得滥用股东权利损害公司或者其他股东的利益；不得滥用公司法人独立地位和股东有限责任损害公司债权人的利益。……公司股东滥用公司法人独立地位和股东有限责任，逃避债务，严重损害公司债权人利益的，应当对公司债务承担连带责任。"

《公司法》第二十二条是关于公司的实际控制人利用其关联关系损害公司利益，给公司造成损失的，应当承担赔偿责任的法律规定，其保护的是目标公司的利益。而《公司法》第二十条规定的是公司股东滥用权利损害公司、其他股东的利益还有债权人的利益应承担连带责任。但又依据《公司法》第二百一十六条对实际控制人的定义，实际控制人不属于公司股东，因此，《公司法》第二十条规定的侵害主体不包括实际控制人。这两条法律条文都没有明确规定实际控制人利用关联关系侵害公司债权人利益时，需承担赔偿责任。但在司法实践中，各地法院倾向于认为，尽管实际控制人并非公司股东，但《公司法》第二十条规定在股东滥用公司法人人格独立地位时，其立法目的应涵盖公司实际控制人滥用公司法人人格的情形，故实际控制人滥用股东权利，对公司人格混同的，或是利用其关联关系，又或是因公司的实际控制人的原因造成公司应清算而未清算，让公司债权人受到损失的，亦应承担相应的民事责任。

因此，根据《公司法》第二十条滥用公司人格行为的立法初衷和民事法律的基本逻辑，实际控制人滥用控制权侵害债权人利益的，需要对公司债务承担连带赔偿责任。若是因实际控制人的原因（比如关联交易、侵占公司资产、不履行清算义务）造成公司债权人受到损失的，则应承担相应的民事赔偿责任。

五、律师建议

《公司法》第二百一十六条第三款对"实际控制人"的含义进行了明确的规定。公司的实际控制人不是公司股东，不直接持有公司的股权，甚至可以与公司不存在任何投资持股关系，但可以通过投资关系、协议和其他安排，达到实际支配公司行为的目的。实际控制人作为公司的真正幕后控制者，对公司产生支配性影响力的同时又具有隐蔽性。因此，在司法实践中时常出现实际控制人通过关联交易转移、侵占公司资产、人格混同、不履行清算义务等手段损害公司债权人利益的情形。此类案件的焦点问题是要证明损害人是否为实际控制人。具体而言，在实务中判断行为人是否拥有公司的控制权，证明其是否能够对公司决策产生重大影响或者是否能够实际支配公司行为，应有收集下列证据：（1）行为人出席股东会、董事会，出席公司重要会议的意见对结果的影响情况；（2）对公司董事或高管的提名及任免情况的影响；（3）对公司财务情况的掌握；（4）其他能够证明行为人实际支配公司的行为。凡是与目标公司的发展、内部治理相关的证据，只要能够证明损害人存在实际支配公司的行为，即可将其认定为公司的"实际控制人"。若不能收集到相关损害人实际控制公司的证据，则原告有可能承担举证不能的法律后果。

六、法律法规依据

1.《公司法》（2018年修订）第二十条 公司股东应当遵守法律、行政法规和公司章程，依法行使股东权利，不得滥用股东权利损害公司或者其他股东的利益；不得滥用公司法人独立地位和股东有限责任损害公司债权人的利益。

公司股东滥用股东权利给公司或者其他股东造成损失的，应当依法承担赔偿责任。

公司股东滥用公司法人独立地位和股东有限责任，逃避债务，严重损害公司债权人利益的，应当对公司债务承担连带责任。

2.《公司法》（2023 年修订）第二十一条 公司股东应当遵守法律、行政法规和公司章程，依法行使股东权利，不得滥用股东权利损害公司或者其他股东的利益。

公司股东滥用股东权利给公司或者其他股东造成损失的，应当承担赔偿责任。

3.《公司法》（2023 年修订）第二十三条 公司股东滥用公司法人独立地位和股东有限责任，逃避债务，严重损害公司债权人利益的，应当对公司债务承担连带责任。

4.《公司法》（2018 年修订）第二十一条 公司的控股股东、实际控制人、董事、监事、高级管理人员不得利用其关联关系损害公司利益。

违反前款规定，给公司造成损失的，应当承担赔偿责任。

5.《公司法》（2023 年修订）第二十二条 公司的控股股东、实际控制人、董事、监事、高级管理人员不得利用关联关系损害公司利益。

违反前款规定，给公司造成损失的，应当承担赔偿责任。

6.《公司法》（2018 年修订）第二百一十六条第一款第三项 实际控制人，是指虽不是公司的股东，但通过投资关系、协议或者其他安排，能够实际支配公司行为的人。

7.《公司法》（2023 年修订）第二百六十五条第一款第三项 实际控制人，是指通过投资关系、协议或者其他安排，能够实际支配公司行为的人。

8.《全国法院民商事审判工作会议纪要》第十一条第二款 控制股东或实际控制人控制多个子公司或者关联公司，滥用控制权使多个子公司或者关联公司财产边界不清、财务混同，利益相互输送，丧失人格独立性，沦为控制股东逃避债务、非法经营，甚至违法犯罪工具的，可以综合案件事实，否认子公司或者关联公司法人人格，判令承担连带责任。

案由 关联交易损害赔偿纠纷

甘肃中某华能车辆有限公司诉周某、高某迎、毛某光关联交易损害赔偿纠纷案

张邈[*]

一、案情简介

2017年6月，甘肃中某华能车辆有限公司（以下简称"甘肃中某华能"）向法院提出诉讼请求：请求依法判决周某、高某迎、毛某光共同赔偿甘肃中某华能经济损失本金4 352 320元及利息1 877 038元，共计6 229 358元。甘肃中某华能认为：2008年2月29日至2011年10月13日期间，甘肃中某华能与青海某达公司签订《加工承揽合同》，约定由甘肃中某华能向青海某达公司提供"半挂车""牵引车"以及"自卸车"，但青海某达公司未支付相应车款。2016年8月，甘肃中某华能在对历史坏账进行财务审计、欠款企业摸底时发现，青海某达公司在2008年2月29日至2009年7月31日期间的实际控股股东为高某迎与甘肃中某华能高管毛某光，公司的法定代表人为高某迎，高某迎与周某系夫妻。甘肃中某华能针对青海某达公司在2008年2月29日至2009年07月31日期间所发生的全部业务往来再次进行财务审计时发现，周某在上述期间内，利用自己高管身份以及职权便利，违反《公司法》的规定，伙同高某迎及毛某光，与青海某达公司进行关联交易，谋取不当利益，给甘肃中某华

---

[*] 张邈（1988年8月— ），女，四川精伦律师事务所专职律师。关注营商环境，致力于为各类市场参与者提供有效的法律建议与解决方案，曾获"2021—2022年武侯区优秀青年律师"称号。

能造成了严重的经济损失。

被告周某在一审、二审中的主要答辩理由与上诉理由为：（1）周某任职期间，担任的仅仅是原告公司营销部门的经理职务，并非公司的高级管理人员，不具有本案关联交易的主体资格。周某于2008年5月6日和高某迎结婚，高某迎自2008年8月6日已不再担任青海某达公司股东及法人。另外，被告周某和毛某光之间没有亲属关系，故本案中被告周某不构成关联交易的主体资格。（2）被告周某任职原告公司营销经理职务期间，不存在滥用职权、谋取私利及损害原告公司利益的行为。（3）周某于2007年7月至2010年7月在甘肃中某华能处任职，调离时接受甘肃中某华能的离任审计，从周某离任至一审立案之时已历时7年，早已超过诉讼时效。

法院查明事实：2007年7月30日，经甘肃中某华能任命，被告周某担任该公司营销部经理（正科级），全面主持公司销售和采购供应工作。2008年2月29日至2009年7月31日期间，甘肃中某华能与青海某达公司签订了38份加工承揽合同，青海某达公司未按时支付车款。2009年7月31日之后，周某担任甘肃中某华能分管销售的副总经理，2010年7月，周某从中某华能调离至陕西中某华能销售服务有限公司（以下简称陕西中某华能）工作。

2011年9月19日，甘肃中某华能与青海某达公司就拖欠车款达成协议，并由白银市中级人民法院作出××号民事调解书，确定青海某达公司拖欠甘肃中某华能车款5967970元。白银市中级人民法院在执行该民事调解书期间，发现青海某达公司无营业场所、无银行存款、无车辆登记，其时任法定代表人申某下落不明，并于2016年4月9日作出××号执行裁定书，裁定终结了对上述民事调解书的执行程序。

2013年2月28日，陕西中某华能作出《关于对周某同志开除的通知》。针对甘肃中某华能"某达事件"，甘肃中某华能董事会于2013年1月21日作出如下决议：对"甘肃中某"原销售副总经理，现"西北中心店"总经理助理周某予以开除并追究法律责任。周某向陕西中某华能的解除（终止）劳动合同申请表中注明解除劳动合同原因为"对前工作单位，因工作失误造成经济损失"。

2007年9月29日，兰州某达汽车销售服务有限公司（以下简称兰州某达公司）设立，该公司由高某迎与毛某光作为发起人以货币出资方式，注册资本200万元，法定代表人为高某迎。200万元注册资金于2007年9月20日由水某转入完成注册，2007年9月21日全部转入水某个人账户，公司股东高某迎、毛某光存在抽逃出资的违法行为。2008年8月6日，青海某达公司将其法定代表人变更为高某迎的母亲卫某利。同年 8 月 18 日，高某迎将其所持有的全部公司股份转让给其母亲卫某利。至此，青海某达公司的股东变更为卫某利与毛某光。2009 年 7 月 31 日，卫某利将其所持有的全部公司股份转让给了申某；毛某光将其所持有的全部公司股份转让给了苏某乙；至此，青海某达公司的股东变更为申某与苏某乙，法定代表人变更为申某。

二、法院判决

一审判决结果：（1）周某赔偿甘肃中某华能车辆有限公司经济损失 4 229 358 元，于本判决生效后 10 日内付清。如果未按本判决指定的期间履行给付金钱义务，加倍支付迟延履行期间的债务利息。（2）驳回甘肃中某华能车辆有限公司的其他诉讼请求。

二审判决结果：驳回周某上诉请求，维持一审判决。

三、判决理由

1. 针对案涉承揽合同是否属于关联交易。

关于周某在甘肃中某华能任职期间，甘肃中某华能与青海某达公司 2008 年 2 月 29 日至 2009 年 7 月 31 日签订的承揽合同是否属于关联交易的问题。《公司法》（2018 年修订，本案例下同）第二百一十六条第一款规定："高级管理人员，是指公司的经理、副经理、财务负责人，上市公司董事会秘书和公司章程规定的其他人员。"判断公司相关人员是否为高级管理人员，应从该人员是否担任《公司法》规定的职务，或者公司的章程是否将担任其他职务的人员规定为公司的高级管理人员进行分析。公司的高级管理人员应是执行公司出资人的决策，拥有执行权或一定程度的决策权，掌握着公司内部管理或外部业务的核心信息，并决定公司的决策及发展方向的特定人群。《甘肃中某华能车辆有限公司章程》第二十八条规定"公司设总经理一人，副总经理若干人，正副总经理由董事会聘请"，第二十九条规定"总经理直接对董事会负责，执行董事会的各项决定，组织领导公司的日常生产、技术和经营管理工作。副总经理协助总经理工作，当总经理缺席或不能工作时，代理行使总经理的职责"。

周某的身份是作为甘肃中某华能营销部经理全面负责销售工作，在此期间甘肃中某华能并没有设立副总经理，周某对选择交易对象以及是否签订合同具有决策权，对以什么方式进行资金回收亦有决定权，周某实际上行使的是公司高级管理人员的职权。其妻子高某迎和亲戚成立青海某达公司及转让公司股权的行为，与周某任营销部经理及离任具有同步性，事实上就是为了和甘肃中某华能进行交易；周某亦未如实向公司报告该事项，在和青海某达公司交易之后周某利用其职权，不及时回收资金，唯独与青海某达公司的交易给甘肃中某华能造成了巨大的损失。且周某在青海某达公司未向甘肃中某华能支付货款的情况下，利用职权继续与青海某达公司签订合同和供货，其行为客观上给甘肃中某华能造成了经济损失，应当承担赔偿责任。

2. 关于甘肃中某华能的起诉是否超过诉讼时效的问题。

本案系甘肃中某华能请求追究周某关联交易损害赔偿责任提起的诉讼，甘肃中某华能是在与青海某达公司的合同纠纷的诉讼过程中才发现周某存在关联交易的行为。该案于2016年4月9日裁定终结执行程序，周某并未提供证据证明甘肃中某华能在此之前已知晓周某存在关联交易的行为，故周某提出甘肃中某华能的起诉已超过诉讼时效的上诉理由不能成立，法院不予采信。

四、案例解析

本案为"2019年度人民法院十大商事案件"之一，是一起典型的公司高级管理人员利用关联关系损害公司利益的案件。《公司法》并未禁止或限制关联交易，合法的关联交易能够提高企业协作能力、降低企业生产成本从而提高企业竞争力。但控股股东、实际控制人、董事、监事、高级管理人员利用关联关系进行关联交易并损害公司利益的，应当承担赔偿责任。

作为损害赔偿纠纷，基本构成依然需要符合以下三点：侵权人实施侵权行为，被侵权人遭受损失，侵权行为与损失之间存在因果关系。具体到本案，则需要证明周某之行为符合《公司法》第二十一条规定，即高级管理人员利用关联关系进行关联交易，进而损害公司利益。

本案中周某作为甘肃中某华能营销部经理，其职位是否属于《公司法》规定的高级管理人员，其职权是否达到了可以利用关联关系的程度，对本案至关重要，若其不属于高级管理人员，则难以援引《公司法》第二十一条要求其承担赔偿责任。根据《公司法》第二百一十六条"高级管理人员，是指公司的经理、副经理、财务负责人，上市公司董事会秘书和公司章程规定的其他人员"，本案中，两级法院根据甘肃中某华能公司章程的规定、周某职权的实际内容（对选择交易对象以及是否签订合同、如何收回款项具有决策权），确认周某为公司高级管理人员。

在此基础上，周某在负责与某达公司进行交易时，未如实披露其妻高某迎为某达公司股东、法人，在某达公司未清偿货款的情况下依旧持续供货；周某职位变动后某达公司的法人、股东也同步变动；种种情形可证明甘肃中某华能在与某达公司交易中所受的损失与周某具有因果关系，周某应承担赔偿责任。

五、律师建议

本案旨在规范有限公司的关联交易，合法有效的关联交易可以活用公司股东、高管的资源，助力公司的快速发展。合法有效的关联交易应当同时满足以下三个条件：交易信息披露充分、交易程序合法、交易对价公允。因此，公司可以在关联交易的不同阶段采取不同应对策略避免违法关联交易造成的损失与管理混乱。

1. 善用公司章程，明确职权范围。

公司章程是公司管理的"宪法"，公司章程中可明确规定关联交易的审批程序与信息披露程序，科学设置公司管理人员的层级与职权，对不同层级的管理人员开放不同金额的关联交易权限，如董事会成员促成的关联交易其金额超过公司章程中股东会授权金额，则应召开股东会进行决议。

2. 建立关联交易履约监督机制。

如某项关联交易已经经过信息披露，可对交易相对方的履约能力进行考察、聘请第三方机构进行尽职调查，避免相对方无履约能力造成损失。

3. 及时提起诉讼，追偿损失。

在公司因违法关联交易受到损失后，应及时提起诉讼避免诉讼时效的经过。在提起诉讼的主体上，首先应由公司提起诉讼。当公司怠于起诉时，股东可书面请求监事（会）或董事（会）代为提起诉讼。监事（会）或董事（会）怠于起诉时，股东可以以自己名义起诉。

六、法律法规依据

1.《民法典》第八十四条　营利法人的控股出资人、实际控制人、董事、监事、高级管理人员不得利用其关联关系损害法人的利益；利用关联关系造成法人损失的，应当承担赔偿责任。

2.《公司法》（2018年修订）第二十一条　公司的控股股东、实际控制人、董事、监事、高级管理人员不得利用其关联关系损害公司利益。

违反前款规定，给公司造成损失的，应当承担赔偿责任。

3.《公司法》（2023 年修订）第二十二条 公司的控股股东、实际控制人、董事、监事、高级管理人员不得利用关联关系损害公司利益。

违反前款规定，给公司造成损失的，应当承担赔偿责任。

4.《公司法》（2018 年修订）第二百一十六条 本法下列用语的含义：

（一）高级管理人员，是指公司的经理、副经理、财务负责人，上市公司董事会秘书和公司章程规定的其他人员。

（二）控股股东，是指其出资额占有限责任公司资本总额 50% 以上或者其持有的股份占股份有限公司股本总额 50% 以上的股东；出资额或者持有股份的比例虽然不足 50%，但依其出资额或者持有的股份所享有的表决权已足以对股东会、股东大会的决议产生重大影响的股东。

（三）实际控制人，是指虽不是公司的股东，但通过投资关系、协议或者其他安排，能够实际支配公司行为的人。

（四）关联关系，是指公司控股股东、实际控制人、董事、监事、高级管理人员与其直接或者间接控制的企业之间的关系，以及可能导致公司利益转移的其他关系。但是，国家控股的企业之间不仅因为同受国家控股而具有关联关系。

5.《公司法》（2023 年修订）第二百六十五条 本法下列用语的含义：

（一）高级管理人员，是指公司的经理、副经理、财务负责人，上市公司董事会秘书和公司章程规定的其他人员。

（二）控股股东，是指其出资额占有限责任公司资本总额超过百分之五十或者其持有的股份占股份有限公司股本总额超过百分之五十的股东；出资额或者持有股份的比例虽然低于百分之五十，但依其出资额或者持有的股份所享有的表决权已足以对股东会的决议产生重大影响的股东。

（三）实际控制人，是指通过投资关系、协议或者其他安排，能够实际支配公司行为的人。

（四）关联关系，是指公司控股股东、实际控制人、董事、监事、高级管理人员与其直接或者间接控制的企业之间的关系，以及可能导致公司利益转移的其他关系。但是，国家控股的企业之间不仅因为同受国家控股而具有关联关系。

6.《最高人民法院关于适用〈中华人民共和国公司法〉若干问题的规定（五）》第一条 关联交易损害公司利益，原告公司依据民法典第八十四条、公司法第二十一条规定请求控股股东、实际控制人、董事、监事、高级管理人员赔偿所造成的损失，被告仅以该交易已经履行了信息披露、经股东会或者股东大会同意等法律、行政法规或者公司章程规定的程序为由抗辩的，人民法院不予支持。

公司没有提起诉讼的，符合公司法第一百五十一条第一款规定条件的股东，可以依据公司法第一百五十一条第二款、第三款规定向人民法院提起诉讼。

7.《最高人民法院关于适用〈中华人民共和国公司法〉若干问题的规定（五）》第二条 关联交易合同存在无效、可撤销或者对公司不发生效力的情形，公司没有起诉合同相对方的，符合公司法第一百五十一条第一款规定条件的股东，可以依据公司法第一百五十一条第二款、第三款规定向人民法院提起诉讼。

案由 公司合并纠纷

某建公司与甘丰公司公司合并纠纷案

袁益露[*]

一、案情简介

2018年5月9日，某建公司与某丰公司签署《吸收合并框架协议》，协议约定某建公司吸收合并某丰公司名下全资子公司某地公司。某建公司和某丰公司就某地公司的吸收合并事宜约定，《吸收合并框架协议》签订之日起六个月内某丰公司负责于2018年6月30日前将某地公司的全部债务清理完毕，待债务清理完毕后某建公司和某丰公司就某地公司完成吸收合并。为促进本次吸收合并事宜的最终达成，某建公司将在《吸收合并框架协议》签订十个工作日内向某丰公司提供50万元人民币"诚意金"，"诚意金"以某建公司委托某地公司开展规划设计支付设计费的形式体现，如因某建公司主观原因导致此次合作失败，此"诚意金"归某丰公司所有。

此合作开展过程中，某建公司以某丰公司不配合提供审计资料导致审计机构无法出具审计意见为由，中止对某地公司的吸收合并项目。某建公司也曾要求某丰公司向审计机构补充审计材料，而某丰公司拒不提供。因某丰公司拒不提供审计材料原因导致无法对某地公司进行审计，故而此次吸收合并事宜就此终止。

---

[*] 袁益露（1993年12月—），女，四川精伦律师事务所专职律师，在成都市武侯区法律援助中心任法律顾问。

二、法院判决

一审判决结果：某建公司于判决生效后十日内向某丰公司支付诚意金 50 万元。

二审判决结果：驳回某建公司的上诉请求，维持原判。

三、判决理由

关于本案中提及的"诚意金"是否支付的问题，一审法院认为，"《吸收合并框架协议》第五条约定，为促成此次合作的最终达成，甲方将在本协议签订十个工作日内，向乙方提供 50 万元诚意金，诚意金以甲方委托标的公司即某地公司开展规划设计支付设计费形式体现。首先，某建公司所述的 40 万元系依据《设计咨询服务合同（新乐绿色节能产业园）》支付，该合同是某建公司委托某丰公司进行设计咨询工作，合同主体与《吸收合并框架协议》第五条约定的主体并不一致。其次，《设计咨询服务合同（新乐绿色节能产业园）》第六条约定的咨询服务费用总额为 200 万元，第一次支付的咨询费为 40 万元，上述金额均与《吸收合并框架协议》第五条约定的诚意金金额 50 万元不符。再次，某丰公司在一审期间提交的某丰公司项目人员与某建公司项目人员沟通、交付成果的往来邮件，进一步佐证《设计咨询服务合同（新乐绿色节能产业园）》有具体的履行事实，并非如某建公司所述为不真实的合同。在此情况下，某建公司上诉称上述 40 万元系其向某丰公司支付的 40 万元诚意金，依据不足，本院不予采信"。

四、案例解析

某建公司称吸收合并失败的原因系某丰公司未向审计单位提供包括公司本部及各地分公司在内的几乎全部合同，也未提供能够说明公司债务已经清理完毕的多项财务记录及有关凭证，导致审计单位无法出具审计报告，并最终导致公司合并失败。对此，二审法院认为，首先，针对上述主张，某建公司仅提交了雷某涛的书面证人证言，该证人未出庭作证，亦无其他证据佐证，不足以认定某丰公司存在上述违约行为。其次，某建公司没有提交其曾委托审计单位开展审计工作的委托合同，没有提交其曾要求某丰公司向审计单位补充提供审计材料而某丰公司拒不提供的书面证据，亦没有提交审计单位出具的无法对某地公司进行审计的书面意见，故无法认定某丰公司存在拒绝提供审计材料的行为。再次，根据雷某涛书面证言，某地公司已经提供了相关财务资料供审计机构查阅，雷某涛根据上述财务资料无法出具"无保留意见的审计报告"，并未提及资料缺失等问题。结合某建公司未提供有效证据证明曾要求某丰公司补充提交资料的情况，一审法院认为某建公司缺乏正当事由终止吸收合并事宜，其行为构成违约，应当向某丰公司支付50万元诚意金，并无不当。

五、律师建议

吸收合并是企业加强资源整合、实现快速发展、提高竞争力的有效手段，是调整优化产业结构、提高发展质量效益的重要途径。吸收合并工作涉及资产、债权债务的转移等，办理过程中既要考虑流程的合规性，又要考虑吸收合并过程中吸收合并各方的合法合规性，确保吸收合并工作有效稳定开展。

企业作为独立的民事个体，在从事商事活动、商事合作时，一定要谨慎，严格按照合同约定行事，一旦有任何修改或与原约定条款有出入，都应该及时以书面形式留存证据，确保有理有据。办理吸收合并过程中要充分做好内外部沟通，内部各个部门要严格按照拟定的吸收合并协议工作内容、办事流程和时间节点完成各自工作，对外严格按照工商、税务等行政主管单位要求准备各项资料，做好吸收合并的各项工作，推动吸收合并工作有序开展。

六、法律法规依据

1.《民法典》第五百零九条　当事人应当按照约定全面履行自己的义务。

当事人应当遵循诚信原则，根据合同的性质、目的和交易习惯履行通知、协助、保密等义务。

2.《民法典》第五百四十三条　当事人协商一致，可以变更合同。

3.《民法典》第五百四十四条　当事人对合同变更的内容约定不明确的，推定为未变更。

4.《民法典》第五百七十七条　当事人一方不履行合同义务或者履行合同义务不符合约定的，应当承担继续履行、采取补救措施或者赔偿损失等违约责任。

**5.《最高人民法院关于适用〈中华人民共和国民事诉讼法〉的解释》第九

十条 当事人对自己提出的诉讼请求所依据的事实或者反驳对方诉讼请求所依据的事实,应当提供证据加以证明,但法律另有规定的除外。

在作出判决前,当事人未能提供证据或者证据不足以证明其事实主张的,由负有举证证明责任的当事人承担不利后果。

案由 公司分立纠纷

梧州市某达房地产开发有限公司与广西梧州市富能某城房地产发展有限公司公司分立纠纷案

梁永琪[*]

一、案情简介

2016年1月24日,邓某贤、李某香、吴某钊、戚某鹏、黄某波(甲方)与江某能、李某达、王某辉(乙方)签订《分立协议书》,对广西梧州市富能某城房地产发展有限公司(以下简称"某城公司")的分立事宜进行约定。某城公司,注册资本为800万元,总投资为44 030万元。工商注册登记股东如下:广东富丽某皇投资有限公司(代持王某辉股份)、佛山市达城和某投资有限公司(代持李某达股份)、江某能、吴某钊、邓某贤、李某香、广西贵某贸易发展有限公司(代持戚某鹏股份)、佛山市鸿某赢投资有限公司(代持黄某波股份)。分立协议对原公司所属资产进行了分割,并约定了债权债务的承担方式,即基准日为分立协议生效之日,该基准日(含该日)前产生的债权债务,以甲乙方各自投资额在投资总额中所占比例享有和承担(乙方),该基准日之后产生的债权债务,为甲方利益的,由甲方承担,为乙方利益的,由乙方承担,为标的公司利益的,由甲乙双方按甲乙双方投资额占总投资额比例分担。2016年9月5日,双方派代表委托会计师事务所对某城公司自公司成立至2016年7月的内部财务报表进行审计。2017年7月7日,审计机构作出

---

[*] 梁永琪(1999年1月—),女,四川情伦律师事务所专职律师,曾获2022年四川省商法年会三等奖。

《内部审计报告》，双方代表进行了确认签字。2018年3月12日，邓某贤、李某香、劳某文、戚某鹏、黄某波向一审法院提起诉讼，要求江某能、李某达、王某辉按照《分立协议书》约定承担债务款及利息。诉讼中，一审法院根据乙方的申请委托会计师事务所对某城公司自公司成立之日（2013年11月7日）至分立之日（2016年1月24日）所属会计期间（2016年1月31日）的资产、负债、所有者权益等事项进行审计，2020年3月22日作出《报告书》。一审法院于院2020年6月28日作出判决。双方不服，向梧州市中级人民法院提起上诉。

二、法院判决

一审判决结果：驳回原告的诉讼请求。

二审判决结果：（1）撤销广西壮族自治区梧州市××区人民法院（××）桂××民初××号民事判决。（2）某达公司支付债务款9 850 861.87元给某城公司。（3）某达公司按15.22%的比例支付资金占用费（计算方法：以代垫款13 742 364.06元为本金，从2020年7月6日起，按同期全国银行间同业拆借中心公布的贷款市场报价利率计算至清偿之日止）给某城公司。（4）某达公司按15.22%的比例支付利息（利息计算方法：以4030万元为本金从2016年2月1日起按同期全国银行间同业拆借中心公布的贷款市场报价利率的四倍计算至清偿之日止）给某城公司。

三、判决理由

1. 关于原被告主体资格是否适格的问题。

某达公司辩称：《分立协议书》不是某达公司与某城公司之间签订的，对双方没有约束力。所以，某城公司不是本案适格的原告。一审法院认为，《广西梧州市富能某城房地产发展有限公司股东会决议》明确对某城公司进行存续分立，某城公司分立后继续存续，江某能、李某达、王某辉另行成立某达公司。公司分立后，因分立分割的财产应当由分立后的某城公司和某达公司继承公司的财产。因此，本案原、被告的主体资格是适格的。

2. 关于《分立协议书》对双方有否约束力的问题。

一审、二审法院均认为邓某贤、李某香、吴某钊、戚某鹏、黄某波作为甲方与江某能、李某达、王某辉作为乙方签订的《分立协议书》是各方当事人的

3. 关于某达公司应否支付债务款、资金占用费的问题。

二审法院认为，关于某达公司提出分立前公司债务未向债权人支付某城公司应先行向债权人偿还后再追偿的主张，根据《公司法》（2018年修订，本案例下同）一百七十六条"公司分立前的债务由分立后的公司承担连带责任。但是，公司分立前与债权人就债务清偿达成的书面协议另有约定的除外"，该规定并没有禁止公司分立时在没有损害债权人权益的前提下可自主处理公司债务，《分立协议书》中明确约定以协议生效日为基准日，该基准日（含该日）前产生的债权债务，乙方按照乙方投资额6700万元在投资总额44030万元中所占的比例享有和承担；该基准日之后产生的债权债务，为甲方利益的，由甲方承担；为乙方利益的，由乙方承担，为分立前的某城公司利益的，由甲乙双方按甲乙双方投资额占总投资额比例分担。该约定表明双方事实上已经对分立前公司的债务进行了自主分割。

四、案例解析

1. 公司分立纠纷诉讼主体的确定。

根据《公司法》第一百七十六条"公司分立前的债务由分立后的公司承担连带责任"。本案中，分立协议的双方是公司的隐名股东和显名股东，并在协议签订后作出了股东会决议，程序合法有效，分立协议系双方自愿签订，不违反法律行政法规的规定，是为有效协议。由此表明股东会决议的股东都知晓并同意公司以存续方式分立以及对债权债务的约定。程序上不存在任何瑕疵，是合法有效的股东会决议和分立协议。同时，公司作为独立的法人承担民事责任，进而债权债务也应当是公司独立享有和承担。因此关于分立前公司债务的分割引发的纠纷应当以公司作为原被告而不是签字的各股东。

在实务中，应当注意公司分立必须经过一定法定程序，如编制资产负债表及财产清单；召开股东会并经三分之二以上表决权的股东通过；自作出分立决议或决定之日起十日内通知其债权人，并于三十日内在报纸上公告；依法向公司登记机关办理变更登记和设立登记；等等，以防程序有瑕疵导致分立协议无效或引起诉讼。

2. 公司分立前债权债务的确定。

根据《公司法》第一百七十六条"公司分立前的债务由分立后的公司承担连带责任。但是，公司分立前与债权人就债务清偿达成的书面协议另有约定的除外",该法条的立法本意是不因公司分立而对债权人的债权产生影响。后面"但书"的内容也是在债权人同意的前提下可以约定由分立前的公司承担或分立后的公司承担。该条与《民法典》第六十七条第二款"法人分立的,其权利和义务由分立后的法人享有连带债权,承担连带债务,但是债权人和债务人另有约定的除外"相统一。本案中,《分立协议书》约定了"基准日为本协议生效之日,该基准日(含该日)前产生的债权债务,乙方按照乙方投资额6700万元在投资总额44 030万元中所占的比例享有和承担;该基准日之后产生的债权债务,为甲方利益的,由甲方承担,为乙方利益的,由乙方承担,为标的公司利益的,由甲乙双方按甲乙双方投资额占总投资额比例分担",该约定构成了本案的争议焦点,即分立后的某城公司作为债务人之一是否有权要求同样作为债务人的某达公司承担债务。某达公司认为对分立前的某城公司的债务,分立后的某城公司尚未予以清偿,不享有债权人的请求权。因为根据《民法典》第五百一十九条第二款"实际承担债务超过自己份额的连带债务人,有权就超出部分在其他连带债务人未履行的份额范围内向其追偿,并相应地享有债权人的权利,但是不得损害债权人的利益",债务人的追偿权是在承担了超出自己份额债务的前提下,而某城公司尚未承担债务,不应当享有追偿权。分立后的某城公司则认为:"分立协议约定的是对分立前公司债务进行承担以及给付,该约定并没有以分立前公司的债务已经实际清偿作为前提条件,公司法也没有相关债务必须以实际清偿作为前提条件的规定。"二审法院支持了后一种观点,认为根据《公司法》一百七十六条"公司分立前的债务由分立后的公司承担连带责任。但是,公司分立前与债权人就债务清偿达成的书面协议另有约定的除外",该规定并没有禁止公司分立时在没有损害债权人权益的前提下可自主处理公司债务,分立协议中已经对债务进行了自主分割。

单从协议中的"基准日为本协议生效之日,该基准日(含该日)前产生的债权债务,乙方按照乙方投资额6700万元在投资总额44030万元中所占的比例享有和承担"不能看出乙方对甲方有给付义务,该条只约定了乙方根据投资额比例对债务进行承担,应当视为连带债务的对内约定,对外依旧是承担连带债务。也就是说,根据该条款,分立后的两公司对外依旧承担连带责任,对内根据该条款内容,乙方按照其投资额6700万元在投资总额44 030万元中所占的比例享有和承担。而根据二审法院的判决,判断为一债务人向另一债务人给付,实际上会对债权人的利益产生影响。

五、律师建议

《公司法》第一百七十六条的立法本意是保护债权人的利益。同时根据《民法典》第一百七十八条"二人以上依法承担连带责任的，权利人有权请求部分或者全部连带责任人承担责任"，债权人可以选择多个债权人承担责任。如果债务人之间根据协议将债务全部转移到一方，那无疑剥夺了债权人的选择权，甚而出现承担全部债务的债务人破产等情形时，债权人利益无疑会受到损害。因此，显然这种约定违背了连带责任的立法本意，不应当得到支持。类似约定只能在内部债务人之间有效而不能对抗外部债权人。

公司分立进行债务分割，应当在公司分立前与债权人就债务清偿达成书面协议，公司通过内部协议对债务进行分割不对外部债权人产生效力。同时，债务分割协议中应当约定明确在债务人内部各方各自对债务承担的比例，而不是一方，否则容易引起歧义，在诉讼中产生不利影响。

六、法律法规依据

1. 《公司法》（2018 年修订）第四十三条第二款　股东会会议作出修改公司章程、增加或者减少注册资本的决议，以及公司合并、分立、解散或者变更公司形式的决议，必须经代表三分之二以上表决权的股东通过。

2. 《公司法》（2023 年修订）第六十六条第三款　股东会作出修改公司章程、增加或者减少注册资本的决议，以及公司合并、分立、解散或者变更公司形式的决议，应当经代表三分之二以上表决权的股东通过。

3. 《公司法》（2018 年修订）第一百七十五条　公司分立，其财产作相应的分割。

公司分立，应当编制资产负债表及财产清单。公司应当自作出分立决议之日起十日内通知债权人，并于三十日内在报纸上公告。

4. 《公司法》（2023 年修订）第二百二十二条　公司分立，其财产作相应的分割。

公司分立，应当编制资产负债表及财产清单。公司应当自作出分立决议之日起十日内通知债权人，并于三十日内在报纸上或者国家企业信用信息公示系统公告。

5. 《公司法》（2018 年修订）第一百七十六条　公司分立前的债务由分立

后的公司承担连带责任。但是，公司分立前与债权人就债务清偿达成的书面协议另有约定的除外。

6.《公司法》（2023年修订）第二百二十三条 公司分立前的债务由分立后的公司承担连带责任。但是，公司在分立前与债权人就债务清偿达成的书面协议另有约定的除外。

7.《公司法》（2018年修订）第一百七十九条第一款 公司合并或者分立，登记事项发生变更的，应当依法向公司登记机关办理变更登记；公司解散的，应当依法办理公司注销登记；设立新公司的，应当依法办理公司设立登记。

8.《民法典》第六十七条第二款 法人分立的，其权利和义务由分立后的法人享有连带债权，承担连带债务，但是债权人和债务人另有约定的除外。

9.《民法典》第一百七十八条 二人以上依法承担连带责任的，权利人有权请求部分或者全部连带责任人承担责任。

10.《民法典》第五百一十九条第二款 实际承担债务超过自己份额的连带债务人，有权就超出部分在其他连带债务人未履行的份额范围内向其追偿，并相应地享有债权人的权利，但是不得损害债权人的利益。

案由 公司减资纠纷

某百医药有限公司减资纠纷案

吴银萍[*]

一、案情简介

2017年3月20日蒋某提起网络购物合同纠纷,被告为山东某百医药有限公司及东篱市某凰泉酒厂,法院于2018年5月24日作出民事判决,判决山东某百医药有限公司退还蒋某购买的涉案产品"某百酒"价款19998元并支付相当于该购买价款十倍的赔偿金199980元,上述给付义务合计219978元,案件受理费2300元、公告费860元合计3160元,由被告山东某百医药有限公司承担,该判决已生效。

山东某百医药有限公司(以下简称"某百公司")原注册资本为1000万元,股东为吴某及王某,吴某认缴出资900万元、王某认缴出资100万元。2021年2月8日公司作出股东会决议,决议拟减少注册资本至100万元,吴某将其持有900万元股权全部减持,并于2021年2月9日在《中国消费者报》上刊登公告,内容为"经股东会决议,拟向登记机关申请减少注册资本,注册资本由1000万元减少至100万元,请债权人自公告之日起或45日内向本公司提出清偿债务或提供相应担保的请求"。2021年6月29日,某百公司再次作出股东会决议,决议分五项:(1)变更公司股东为王某;(2)变更公司注册资

---

[*] 吴银萍(1994年6月—),女,四川精伦律师事务所专职律师,曾在金融机构从事法律合规工作。

本至 100 万元，原股东吴某将其持有的公司股权 900 万元全部减持，原公司股东王某出资金额不变；(3) 变更公司类型；(4) 变更公司名称为高密市某百医药有限公司；(5) 修正公司章程并通过新章程。当日吴某及王某作出《关于对山东某百医药有限公司减少注册资本债权债务清偿及担保情况的说明》，内容为"山东某百医药有限公司于 2021 年 6 月 29 日召开全体股东大会，全体股东一致同意减少公司注册资本至 100 万元，股东吴某全部减持，原公司股东王某出资金额不变。按照《公司法》有关规定，我公司于 2021 年 2 月 9 日在《中国消费者报》刊登了减资公告，并于同日书面通知所有债权人。截至 2021 年 6 月 29 日无债权人向我公司提出债权债务清偿及担保要求。我公司现依据有关法律法规办理减少注册资本手续。公司减资前的债权债务均已清理完毕，若出现漏债由全体股东承接，一切法律后果由全体股东共同承担"。2021 年 7 月 9 日，某百公司完成企业工商信息变更。

此后，蒋某诉请吴某及王某对民事判决书确定的债务承担清偿责任。

二、法院判决

1. 被告吴某应在 900 万元范围内对原告蒋某在××号民事判决书中未执行到位的债权承担补充赔偿责任。

2. 被告王某对上述第一项判决义务承担连带清偿责任。

三、判决理由

根据《公司法》(2018 年修订，本案例下同) 规定，股东负有按照公司章程切实履行出资的义务，同时负有维持公司注册资本充实的责任。公司减资时应依法履行法定程序，确保公司债权人有机会在公司财产减少之前作出相应的权衡和行动。某百公司减资前对原告负有债权，但公司及两被告未通知已知债权人即原告，仅于 2021 年 2 月 9 日就其减资行为在报纸上发布公告，导致原告无从得知其减资情况，也无法提前要求其清偿债务或提供担保，违反了《公司法》第一百七十七条规定，即"公司需要减少注册资本时，必须编制资产负债表及财产清单。公司应当自作出减少注册资本决议之日起十日内通知债权人，并于三十日内在报纸上公告。债权人自接到通知书之日起三十日内，未接到通知书的自公告之日起四十五日内，有权要求公司清偿债务或者提供相应的担保"，其减资程序存在瑕疵。

尽管《公司法》规定公司减资时的通知义务人是公司，但公司减资系股东会决议的结果，是否减资以及如何进行减资完全取决于股东的意志。本案中，两被告在明知公司对外负有巨额债务而未清偿的情形下仍旧通过股东会决议减少公司的注册资本并向工商登记部门出具虚假情况说明，主观上存在过错，客观上损害了某百公司的偿债能力，故减资股东的行为构成第三人侵害债权。程序瑕疵的减资，对已知债权人不发生法律效力，则本质上造成同抽逃出资一样的后果，因此，尽管我国法律未具体规定公司不履行减资法定程序导致债权人利益受损时股东的责任，但可比照公司法相关原则和规定来加以认定。由于某百公司减资行为存在瑕疵，致使减资前形成的公司债权在减资之后清偿不能的，吴某应在公司减资数额范围内对某百公司债务不能清偿部分承担补充赔偿责任。吴某辩称其依法减资且公司注册资本远大于涉案债权的理由于法无据，法院不予支持。王某作为未减资股东虽未减少出资额，但在明知公司负债的情形下仍同意减资股东的减资请求，导致公司无法以自身财产偿还所欠原告债务，应当对减资股东的责任承担连带责任。

四、案例解析

本案的争议焦点主要是两被告的减资程序是否符合法律规定，以及减资程序瑕疵情况下股东应当承担的法律责任问题。

从本案来看，虽然被告已经通过报纸发布减资公告，但是并未通知到债权人，根据《公司法》的规定，公司如果减资需要同时符合发布减资公告及通知债权人两个程序，如果只公告未通知或只通知未公告，都属于减资程序瑕疵。因公告作为一种拟制通知的方式，无法保证已确定债权人能够获得上述通知，因此，《公司法》的立法精神是为了充分保证已确定债权人的利益，除了公告还需要采取通知到债权人的方式。

关于减资程序瑕疵，股东应当承担的法律责任问题，从法院判决看，尽管我国法律未具体规定公司不履行减资法定程序导致债权人利益受损时股东的责任，但可比照《公司法》相关原则和规定来加以认定为抽逃出资。如认定为抽逃出资，根据《最高人民法院关于适用〈中华人民共和国公司法〉若干问题的规定（三）》，公司债权人请求抽逃出资的股东在抽逃出资本息范围内对公司债务不能清偿的部分承担补充赔偿责任、协助抽逃出资的其他股东、董事、高级管理人员或者实际控制人对此承担连带责任的，人民法院应予支持。因此法院判决由吴某在减资数额范围内承担补充赔偿责任。

五、律师建议

资本确定、资本维持、资本不变是公司资本的三个原则。这三个原则都是为了保证公司独立、完整,保证法定资本制之实现。案情中的减资行为,则是违反了资本维持原则。资本维持原则,又称资本充实原则,是公司资本制度的灵魂,其主旨是要保证公司资产的充足性,使公司资产和公司资本额保持平衡,确保公司的偿债能力不受侵害,从而保护债权人利益,维护交易安全。目前,我国《公司法》虽然没有对资本维持原则予以明确规定,并且,在公司注册资本认缴制度之下,虽然有资本信用被弱化、资产信用被强化的趋势,但根据公示公信和商事外观主义原则,公司的注册资本仍然具有不可轻视的价值,交易相对方通常会通过注册资本额判断公司的资信状况,在注册资本的预期下与公司进行交易,其对注册资本额享有信赖利益,因此,公司及股东负有全面履行出资及确保资本维持的义务。而因公司减资会减少公司责任财产,减轻股东责任,影响公司偿债能力,因此《公司法》对公司减资程序做了严格规定,主要经过以下程序:

(1) 董事会制定公司减少注册资本方案。

(2) 减少注册资本时,编制资产负债表及财产清单。

(3) 经代表三分之二以上表决权的股东通过,股东会会议作出减少注册资本的决议。

(4) 自作出减少注册资本决议之日起十日内通知债权人,并于三十日内在报纸上公告。债权人自接到通知书之日起三十日内,未接到通知书的自公告之日起四十五日内,有权要求公司清偿债务或者提供相应的担保。

(5) 减资登记,在工商登记处办理变更登记。

因此,在实践中,公司应当严格按照法定条件和程序实施减资,并确保通知到债权人,否则减资股东需要承担不利后果。

六、法律法规依据

1.《公司法》(2018 年修订)第四十三条 股东会的议事方式和表决程序,除本法有规定的外,由公司章程规定。

股东会会议作出修改公司章程、增加或者减少注册资本的决议,以及公司合并、分立、解散或者变更公司形式的决议,必须经代表三分之二以上表决权的股东通过。

2.《公司法》（2023年修订）第六十六条　股东会的议事方式和表决程序，除本法有规定的外，由公司章程规定。

股东会作出决议，应当经代表过半数表决权的股东通过。

股东会作出修改公司章程、增加或者减少注册资本的决议，以及公司合并、分立、解散或者变更公司形式的决议，应当经代表三分之二以上表决权的股东通过。

3.《公司法》（2018年修订）第四十六条　董事会对股东会负责，行使下列职权：

（一）召集股东会会议，并向股东会报告工作；

（二）执行股东会的决议；

（三）决定公司的经营计划和投资方案；

（四）制订公司的年度财务预算方案、决算方案；

（五）制订公司的利润分配方案和弥补亏损方案；

（六）制订公司增加或者减少注册资本以及发行公司债券的方案；

（七）制订公司合并、分立、解散或者变更公司形式的方案；

（八）决定公司内部管理机构的设置；

（九）决定聘任或者解聘公司经理及其报酬事项，并根据经理的提名决定聘任或者解聘公司副经理、财务负责人及其报酬事项；

（十）制定公司的基本管理制度；

（十一）公司章程规定的其他职权。

4.《公司法》（2023年修订）第六十七条　有限责任公司设董事会，本法第七十五条另有规定的除外。

董事会行使下列职权：

（一）召集股东会会议，并向股东会报告工作；

（二）执行股东会的决议；

（三）决定公司的经营计划和投资方案；

（四）制订公司的利润分配方案和弥补亏损方案；

（五）制订公司增加或者减少注册资本以及发行公司债券的方案；

（六）制订公司合并、分立、解散或者变更公司形式的方案；

（七）决定公司内部管理机构的设置；

（八）决定聘任或者解聘公司经理及其报酬事项，并根据经理的提名决定聘任或者解聘公司副经理、财务负责人及其报酬事项；

（九）制定公司的基本管理制度；

（十）公司章程规定或者股东会授予的其他职权。

公司章程对董事会职权的限制不得对抗善意相对人。

5.《公司法》（2018年修订）第一百七十七条 公司需要减少注册资本时，必须编制资产负债表及财产清单。公司应当自作出减少注册资本决议之日起十日内通知债权人，并于三十日内在报纸上公告。债权人自接到通知书之日起三十日内，未接到通知书的自公告之日起四十五日内，有权要求公司清偿债务或者提供相应的担保。

6.《公司法》（2023年修订）第二百二十四条 公司减少注册资本，应当编制资产负债表及财产清单。

公司应当自股东会作出减少注册资本决议之日起十日内通知债权人，并于三十日内在报纸上或者国家企业信用信息公示系统公告。债权人自接到通知之日起三十日内，未接到通知的自公告之日起四十五日内，有权要求公司清偿债务或者提供相应的担保。

公司减少注册资本，应当按照股东出资或者持有股份的比例相应减少出资额或者股份，法律另有规定、有限责任公司全体股东另有约定或者股份有限公司章程另有规定的除外。

7.《最高人民法院关于适用〈中华人民共和国公司法〉若干问题的规定（三）》第十二条 公司成立后，公司、股东或者公司债权人以相关股东的行为符合下列情形之一且损害公司权益为由，请求认定该股东抽逃出资的，人民法院应予支持：

（一）制作虚假财务会计报表虚增利润进行分配；

（二）通过虚构债权债务关系将其出资转出；

（三）利用关联交易将出资转出；

（四）其他未经法定程序将出资抽回的行为。

8.《最高人民法院关于适用〈中华人民共和国公司法〉若干问题的规定（三）》第十三条 股东未履行或者未全面履行出资义务，公司或者其他股东请求其向公司依法全面履行出资义务的，人民法院应予支持。

公司债权人请求未履行或者未全面履行出资义务的股东在未出资本息范围内对公司债务不能清偿的部分承担补充赔偿责任的，人民法院应予支持；未履行或者未全面履行出资义务的股东已经承担上述责任，其他债权人提出相同请求的，人民法院不予支持。

9.《最高人民法院关于适用〈中华人民共和国公司法〉若干问题的规定

(三)》**第十四条** 股东抽逃出资，公司或者其他股东请求其向公司返还出资本息、协助抽逃出资的其他股东、董事、高级管理人员或者实际控制人对此承担连带责任的，人民法院应予支持。

公司债权人请求抽逃出资的股东在抽逃出资本息范围内对公司债务不能清偿的部分承担补充赔偿责任、协助抽逃出资的其他股东、董事、高级管理人员或者实际控制人对此承担连带责任的，人民法院应予支持；抽逃出资的股东已经承担上述责任，其他债权人提出相同请求的，人民法院不予支持。

案由 公司增资纠纷

四川四某建设有限公司增资纠纷案

王志刚[*]

一、案情简介

2009年3月,四川四某建设有限公司(以下简称"四某公司")将注册资本从2100万元增资至5800万元,并完成工商变更登记。增资之前,四某公司2005年12月20日公司章程记载(以下简称"05章程")公司注册资本2100万元,股东刘某出资5万元,出资比例为0.24%。增资完成后,四某公司2009年2月24日的公司章程(以下简称"09章程")记载公司注册资本为5800万元人民币,刘某出资5万元,出资比例为0.09%。

股东刘某认为:四某公司2009年增加注册资本时,没有召开股东会,更没有经过代表三分之二表决权的股东通过,故该增资行为无效。2020年的追认直接否定被上诉人刘某等的优先认缴权,违反法律规定,亦属无效。故于2020年起诉要求确认2009年2月26日的公司增资决议不成立,并要求确认按照增资之前的注册资本及出资比例享有股东地位。

一审法院查明并认定了以下事实,二审法院查明的事实与一审一致。

四某公司05章程第五章第十五条第二点规定,股东会行使的职权中包括对公司增加或减少注册资本、修改公司章程进行决议,该条第三点规定,股东

---

[*] 王志刚(1978年3月—),男,四川精伦律师事务所专职律师、党支部书记,曾获"武侯区2020年度优秀党员律师"称号。

会对公司增加或减少注册资本等，必须经代表三分之二以上表决权的股东通过，并向原登记机关办理变更登记。

四某公司股东会第九次会议决议复印件显示，会议召开时间2009年2月26日下午14时30分，主要议题是审议公司资质等级晋升及相关股权变化事宜。该决议的股东签字盖章页与2005年7月28日上午9时的四某公司第十二次股东会决议的股东签字盖章页完全相同。一审期间，四某公司申请调取2009年3月10日公司变更登记原始档案中的股东会第九次会议决议原件，但在公司变更档案中未见决议的原件。至一审审理终结时，未能获得原件。

2009年3月10日，四某公司向四川省科学城市场监督管理局申请办理注册资本增加变更登记，已获登记。

2019年7月22日，四某公司向刘某等送达股东通知书，公司股东四川某木科技集团有限公司拟按照国有产权转让相关法律法规的规定，公开交易转让其所持有的86.71%的股权。

四某公司股东会2013年5月29日第十六次会议决议复印件和2013年6月1日公司章程载明：四某公司按照法律规定和章程约定修改了公司章程，修改后的公司章程是根据2009年增资情况对股权比例进行调整，刘某等人在章程上签字认可。刘某认为2013年的股东会决议及公司章程也是另附签字页，股东都在空白纸上签字，公司没有召开过股东会。

四某公司2020年1月23日公司临时股东会决议。载明：出席会议的股东20人，代表股权1915.55万股，占公司总股权的91.22%，会议审议并以记名投票表决方式通过如下议案：审议公司《关于追认2009年公司增加注册资本的议案》表决结果为1554.07万股同意，占出席会议有效表决权股份总数的74.32%。

四某公司其他股东出庭作证证明：不知晓2009年2月26日召开股东会就增资事宜进行决议，也未在关于增资的股东会决议上签字；另外，公司有要求股东提前在空白纸上签字备用的做法。

二、法院判决

一审判决结果：确认四某公司2009年2月26日的公司增资股东会决议不成立；确认股东刘某按照原05章程中规定的0.24%的比例对四某公司享有股权。

二审判决结果：撤销一审民事判决；驳回股东刘某的诉讼请求。

三、判决理由

1. 一审判决理由

一审法院认为，该案焦点之一是2009年2月26日四某公司注册资本增加是否召开股东会，且经代表三分之二表决权的股东表决同意。2009年2月26日的公司股东会决议系复印件，且最后一页股东签字页与2005年7月28日股东会决议最后一页完全一致，可见，股东会增资决议后的股东签字页不是真实的。2013年5月29日下午14时30分股东会第十六次会议决议系复印件，无法确认其真实性。2013年6月1日公司章程复印件和原件各最后一页及股东签字页并不相同，且股东签字页上未签注时间，无法确认股东签字页系该章程的原始页码，与证人证言中四某公司有要求股东提前在空白纸上签字备用的做法相印证。

同时分析认为，即使2013年5月29日股东会第十六次会议决议和2013年6月1日公司章程是真实的，股东会议题是审议修改被告公司章程，原因是法人股东四川某木科技有限公司名称变更为四川某木科技集团有限公司。即使刘某等股东在2013年6月1日公司章程后签字也仅是对股东即第三人四川某木科技集团有限公司名称变更予以认可。该证据不足以证明四某公司代表100%股权的股东对2009年2月26日的股东会决议增资一事进行追认。故本案证据不足以证明公司增资召开了股东会和经过公司三分之二表决权的股东同意。因本案是确认之诉，不适用诉讼时效的相关规定，故刘某所主张的权利，应受到法律的保护。

依照《公司法》（2018年修订，本案例下同）第三十七条和《最高人民法院关于适用〈中华人民共和国公司法〉若干问题的规定（四）》第五条的规定，只有在股东对股东会所议事项以书面形式一致表示同意的情形下，才可以不召开股东会会议，直接作出决定，本案中四某公司未召开股东会也不存在全体股东一致同意并签字的情形，故刘某主张2009年2月26日公司增资股东会决议不成立，符合司法解释的规定，应予以支持。刘某诉请按照被告增资之前的注册资本及出资比例享有股东地位。四某公司未经股东会决议增加注册资本，稀释了公司部分股东的股权，该行为损害了该部分股东的合法权益，即使该增资行为已备案登记。股东会增资决议依法不成立，公司股东原股权比例应保持不变，刘某的请求，符合法律规定，应予以支持。

2. 二审判决理由

二审法院认为，该案的主要争议焦点有二：一是 2009 年的股东会议决议是否真实；二是 2020 年的股东会决议是否构成对 2009 年股东会决议的追认。

关于第一个争议焦点，二审法院认为：本案一审中所举证的 2009 年 2 月 26 日的公司股东会决议系复印件，且最后一页股东签字页上的股东签名与 2005 年 7 月 28 日股东会议的股东签名无论字迹、股东签字顺序，还是留存的空白均存在高度一致。鉴于 2005 年 7 月 28 日的股东会召开时间在 2009 年 2 月 26 日股东会之前，可以认定 2009 年 2 月 26 日股东会议决议签名页是来源于对 2005 年 7 月 28 日股东会决议签名页的复制，2009 年的股东会增资决议不具有真实性。

关于第二个争议焦点，二审法院认为：首先是从 2009 年的股东会增资决议在作出时的效力来看。依照《最高人民法院关于适用〈中华人民共和国公司法〉若干问题的规定（四）》第五条的规定，2009 年的股东会增资决议不具有真实性对应的法律后果为"决议不成立"而非"决议无效"。"决议不成立"属于可撤销民事法律行为的范畴。在未被撤销前，此种法律行为既非效力待定，又非当然无效，应当认为自成立之时起已经生效，必须自撤销之时才会无效。故在 2009 年至决议 2020 年股东大会追认前，2009 年的股东会增资决议具有法律效力。其次是从 2020 年的股东会决议追认行为来看，虽然 2009 年的股东会决议确实存在造假的情形，但四某公司提供的证据证明在 2020 年追认了 2009 年的股东会决议，按照法无明文禁止即可为的原则，四某公司可以追认之前的股东会决议。经审查，2020 年该次股东会在程序上和内容上均符合公司法和《公司章程》的相关规定，应认定该追认行为自 2020 年股东会决议之日起具有法律效力。综合以上事实，2009 年的股东会决议的效力应延伸至 2020 年以后，已不具有可撤销内容。

同时，二审法院认为四某公司 2009 年的股东会决议与建筑资质由二级升为一级直接相关。建筑资质提升后，四某公司承揽了大量的国防工程，刘某等股东也借用公司资质承建了大量建设施工项目，很多工程还处在审计决算过程中。如果直接认定增资行为不成立，那么 2009 年建筑资质提升行为也应属于违法行为，一级建筑资质也会被撤销，将严重影响已完成和正处在审计决算过程中工程的交易安全。故，依法改判，驳回刘某的诉讼请求。刘某若认为 2009 年的虚假增资行为损害了自身利益，可通过提起赔偿之诉另行主张权利。

四、案例解析

律师分析本案认为：在本案中两级法院均认定了四某公司2009年的股东会增资决议不具有真实性，依法不能成立，对四某公司根据没有成立的股东会决议作出的增资协议是否必然损害相关股东的权益则作出了截然不同的认定。

一审法院认定，因为四某公司以没有成立的股东会决议申请公司变更登记，增加公司注册资本，稀释了公司部分股东的股权，该行为损害了该部分股东的合法权益，故部分股东请按照增资之前的注册资本及出资比例享有股东地位，应当予以支持。

二审法院认定，虽然股东会增资决议不具有真实性，对应的法律后果为"决议不成立"而非"决议无效"。"决议不成立"属于可撤销民事法律行为的范畴。在未被撤销前，此种法律行为既非效力待定，又非当然无效，应当认为自成立之时起已经生效，必须自撤销之时才会无效。且在2020年四某公司通过股东大会追认了2009年的股东会决议，故2009年的股东会增资决议具有法律效力。

同时考虑到，四某公司2009年的股东会决议与建筑资质由二级升为一级直接相关。建筑资质提升后，四某公司承揽了大量的国防工程，刘某等股东也借用公司资质承建了大量建设施工项目，很多工程还处在审计决算过程中。如果直接认定增资行为不成立，那么2009年建筑资质提升行为也应属于违法行为，一级建筑资质也会被撤销，将严重影响已完成和正处在审计决算过程中工程的交易安全。故，依法改判，驳回刘某的诉讼请求，同时释明刘某若认为2009年的虚假增资行为损害了自身利益，可通过提起赔偿之诉另行主张权利。

律师认为，二审法院依据没有成立的法律行为并非必然、自始无效，而是属于可撤销民事法律行为这一基本法理，通过案件证据和事实最终确认了四某公司2009年的股东会增资决议具有法律效力。同时考虑到根据2009年的股东会增资决议，变更增资行为给公司和相关股东带来了更多的利益，且有利于维护交易安全，故二审法院的大胆改判值得借鉴和学习。

五、律师建议

《公司法》及配套司法解释的基本精神和价值取向是兼顾保护公司、公司股东、股东债权人的利益，同时要引导公司积极履行社会责任，为社会创造价值。公司增资纠纷涉及新的投资人与公司或原股东投资入股协议效力确认，公司股东会决议效力确认，对赌协议或对赌条款效力的确认、履行，公司原股东优先认股权等多个法律问题，故在代理股东以股东会决议存在瑕疵要求确认公司增资行为无效诉讼中，律师总体工作思路还是要考虑公司法的价值取向，在设计诉讼请求之时充分考虑各方利益的平衡。代理律师有必要根据当事人的诉求，依据相关法律规定并结合已经和可能取得的证据帮助当事人合理设计诉讼请求，以最大限度地维护当事人的合法权益。

六、法律法规依据

1. 《公司法》（2018 年修订）第三十四条　股东按照实缴的出资比例分取红利；公司新增资本时，股东有权优先按照实缴的出资比例认缴出资。但是，全体股东约定不按照出资比例分取红利或者不按照出资比例优先认缴出资的除外。

2. 《公司法》（2023 年修订）第二百一十条　公司分配当年税后利润时，应当提取利润的百分之十列入公司法定公积金。公司法定公积金累计额为公司注册资本的百分之五十以上的，可以不再提取。

公司的法定公积金不足以弥补以前年度亏损的，在依照前款规定提取法定公积金之前，应当先用当年利润弥补亏损。

公司从税后利润中提取法定公积金后，经股东会决议，还可以从税后利润中提取任意公积金。

公司弥补亏损和提取公积金后所余税后利润，有限责任公司按照股东实缴的出资比例分配利润，全体股东约定不按照出资比例分配利润的除外；股份有限公司按照股东所持有的股份比例分配利润，公司章程另有规定的除外。

公司持有的本公司股份不得分配利润。

3. 《公司法》（2023 年修订）第二百二十七条　有限责任公司增加注册资本时，股东在同等条件下有权优先按照实缴的出资比例认缴出资。但是，全体股东约定不按照出资比例优先认缴出资的除外。

股份有限公司为增加注册资本发行新股时，股东不享有优先认购权，公司章程另有规定或者股东会决议决定股东享有优先认购权的除外。

4. 《公司法》（2018 年修订）第三十七条　股东会行使下列职权：

（一）决定公司的经营方针和投资计划；

（二）选举和更换非由职工代表担任的董事、监事，决定有关董事、监事的报酬事项；

（三）审议批准董事会的报告；

（四）审议批准监事会或者监事的报告；

（五）审议批准公司的年度财务预算方案、决算方案；

（六）审议批准公司的利润分配方案和弥补亏损方案；

（七）对公司增加或者减少注册资本作出决议；

（八）对发行公司债券作出决议；

（九）对公司合并、分立、解散、清算或者变更公司形式作出决议；

（十）修改公司章程；

（十一）公司章程规定的其他职权。

对前款所列事项股东以书面形式一致表示同意的，可以不召开股东会会议，直接作出决定，并由全体股东在决定文件上签名、盖章。

5.《公司法》（2023年修订）第五十九条 股东会行使下列职权：

（一）选举和更换董事、监事，决定有关董事、监事的报酬事项；

（二）审议批准董事会的报告；

（三）审议批准监事会的报告；

（四）审议批准公司的利润分配方案和弥补亏损方案；

（五）对公司增加或者减少注册资本作出决议；

（六）对发行公司债券作出决议；

（七）对公司合并、分立、解散、清算或者变更公司形式作出决议；

（八）修改公司章程；

（九）公司章程规定的其他职权。

股东会可以授权董事会对发行公司债券作出决议。

对本条第一款所列事项股东以书面形式一致表示同意的，可以不召开股东会会议，直接作出决定，并由全体股东在决定文件上签名或者盖章。

6.《公司法》（2018年修订）第一百零三条 股东出席股东大会会议，所持每一股份有一表决权。但是，公司持有的本公司股份没有表决权。

股东大会作出决议，必须经出席会议的股东所持表决权过半数通过。但是，股东大会作出修改公司章程、增加或者减少注册资本的决议，以及公司合并、分立、解散或者变更公司形式的决议，必须经出席会议的股东所持表决权的三分之二以上通过。

7.《公司法》（2023年修订）第一百一十六条 股东出席股东会会议，所持每一股份有一表决权，类别股股东除外。公司持有的本公司股份没有表决权。

股东会作出决议，应当经出席会议的股东所持表决权过半数通过。

股东会作出修改公司章程、增加或者减少注册资本的决议，以及公司合并、分立、解散或者变更公司形式的决议，应当经出席会议的股东所持表决权的三分之二以上通过。

8.《最高人民法院关于适用〈中华人民共和国公司法〉若干问题的规定（四）》（2020修正）第五条 股东会或者股东大会、董事会决议存在下列情形之一，当事人主张决议不成立的，人民法院应当予以支持：

（一）公司未召开会议的，但依据公司法第三十七条第二款或者公司章程规定可以不召开股东会或者股东大会而直接作出决定，并由全体股东在决定文件上签名、盖章的除外；

（二）会议未对决议事项进行表决的；

（三）出席会议的人数或者股东所持表决权不符合公司法或者公司章程规定的；

（四）会议的表决结果未达到公司法或者公司章程规定的通过比例的；

（五）导致决议不成立的其他情形。

案由 公司解散纠纷

某莱公司解散纠纷案

王志刚[*]

一、案情简介

2012年2月29日，某莱公司登记成立，注册资本100万元，股东为四川某莱投资有限公司（认缴50万元）、隆某颖（实收20万元、认缴30万元），各占股50%，法定代表人隆某英。

2012年3月15日，某莱公司召开股东会：选举隆某英、刘某水、郭某坚、黄某兰、刘某平为公司董事会成员，侯某金为公司监事；同意四川某莱投资有限公司将持有的某莱公司50万元股权转让给隆某颖；同意某莱公司注册资本由100万元增加至5000万元；同意实收资本由20万元增加至5000万元；同意修改章程并通过新章程。

2012年3月15日，某莱公司召开董事会，选举隆某英为董事长，决定聘任郭某坚为总经理。同日，某莱公司取得注册资本5000万元的《验资报告》，并完成工商变更登记，注册资本从100万元增至5000万元。变更后的股东及出资情况为：隆某英2220万元、隆某颖1200万元、郭某坚600万元、刘某水300万元、侯某金250万元、曾某睿250万元、张某业180万元，登记的某莱公司章程约定股东根据出资额享有表决权。

---

[*] 王志刚（1978年3月— ），男，四川精伦律师事务所专职律师、党支部书记，曾获"武侯区2020年度优秀党员律师"称号。

另查明，2013年12月5日，新津法院作出××号刑事判决书，认定隆某颖将4700万元从某莱公司银行账户中予以抽逃，犯抽逃出资罪，判处有期徒刑二年，并处罚金人民币100万元。该生效刑事判决书查明：2011年9月，隆某颖的前夫曾某超（已去世）为成立某莱公司找人帮忙借资应付验资，约定验资成功后抽逃归还。同时，曾某超以成立注册资本5000万元的某莱公司为由，邀约刘某水、侯某金、郭某坚、邓某投资成为某莱公司股东，四人表示同意。2012年2月24日，隆某颖以借用的20万元打入验资账户，验资成功。3月5日，隆某颖将20万借用资金转出归还。3月14日，刘某水将投资款300万元转入某莱公司（增资）验资账户。3月15日，隆某颖和曾某超通过借资4680万元转入（增资）验资账户，取得注册资本5000万元的《验资报告》。3月16日，4680万元被转出归还。另，2012年2月20日，郭某坚将投资款100万元转入隆某颖指定的成都某莱生物科技有限公司银行账户；3月10日，邓某（曾某睿母亲）将投资款150万元转入隆某颖个人账户；3月15日、3月22日，侯某金先后将投资款20万元、160万元以现金或转款方式给隆某颖。2012年3月28日，曾某超因病去世。4月23日，刘某水等人发现某莱公司账户仅余1000元，找到隆某颖。次日，隆某颖转款400万元至某莱公司账户。

再查明，2012年3月起至今，某莱公司未召开过股东会或董事会，现某莱公司长期没有正常经营，也没有经营场所。还查明，2019年7月16日，刘某水起诉侯某金要求侯某金向某莱公司履行出资义务250万元。该案经四川省成都市青羊区人民法院及成都市中级人民法院两级人民法院审理，作出生效民事判决，驳回刘某水的全部诉讼请求。庭审中，刘某水、侯某金、郭某坚、曾某睿认可各方当事人除上述纠纷外，还有其他因某莱公司出资问题引发的纠纷。在审理本案过程中，对隆某颖的询问笔录中，隆某颖明确表述没有资金补缴抽逃出资，愿意解散公司，认为某莱公司没有经营的意义，其与其他股东的矛盾不可调和，不愿意调解。

二、法院判决

一审判决结果：判决解散某莱公司。

二审判决结果：驳回上诉，维持原判。

三、判决理由

1. 原告具有提起某莱公司解散的主体资格

一审法院认为：本案系公司解散纠纷，应当适用《公司法》及其司法解释处理。依据《公司法》（2018年修订，本案例下同）第一百八十二条之规定，"持有公司全部股东表决权百分之十以上的股东"具有提起解散公司的主体资格。本案中，原告郭某坚、侯某金、曾某睿均是某莱公司登记的股东，三人登记投资额累计占注册资本22%，结合某莱公司章程关于股东按照出资额享有表决权的约定，三名原告具有提起某莱公司解散的主体资格。

2. 某莱公司具备司法解散事由

一审法院判决理由如下：首先，某莱公司经营管理发生严重困难。经营管理严重困难是有限责任公司陷入公司僵局的首要要件。公司僵局就是指在公司内部治理过程中，公司因股东间或公司管理人员之间的利益冲突和矛盾，一切决策和管理机制均陷入瘫痪。本案中，某莱公司在完成公司工商登记后的较短时间内，重要技术员也是发起人曾某超去世，大股东之一隆某颖因抽逃出资4700万元，被法院判决有期徒刑二年。其后，股东之间也因为实际出资问题多次发生纠纷诉至法院，无人维持公司正常经营，公司的决策和管理机制完全停滞。其次，某莱公司存续会使公司股东权益受到重大损失。一方面，某莱公司工商登记成立以来不足两个月，就因为重要技术员兼发起人曾某超的去世而使公司经营长期处于停滞状态，股东的投资长期未能获得回报，已造成股东经济利益的重大损失。另一方面，因为大股东之一的隆某颖被法院认定犯抽逃出资罪，且其抽逃资金数额巨大，被判刑后，隆某颖长期游离于公司外，没有参与公司事务，其他股东也分别因为出资金额问题等发生矛盾，无法有效行使公司经营决策、管理和监督的股东权利，因此各股东权益确实受到重大损失。最后，通过其他途径不能解决公司僵局。某莱公司注册资金5000万元中，有4700万元被刑事判决认定为隆某颖抽逃，而在隆某颖的询问笔录中，其明确表示没有能力补交，公司资金问题无法得到解决。另从庭审查明事实来看，各股东之间分歧较大，无法对处理某莱公司资金及经营问题达成一致意见，现没有途径解决公司面临僵局。

二审法院判决理由如下：首先，某莱公司从2012年3月15日召开股东会、董事会后，再未召开过股东会或董事会，现某莱公司长期未正常经营，也无经营场所。某莱公司章程载明首次股东会后的以后股东会由董事会召集、董事长主持。临时股东会议由代表四分之一以上表决权的股东、董事长、董事或者监事提议方可召开。董事会会议由董事长召集和主持，董事长因特殊原因不能履行职务或不履行职务时，由副董事长召集和主持；副董事长不能履行职务或不履行职务的，由半数以上股东共同推举一名董事召集和主持。某莱公司股东会选举的董事会成员为隆某英、刘某水、郭某坚、黄某兰、刘某平。根据某莱公司章程和股东会选举结果，作为三名原告的郭某坚、侯某金、曾某睿无法提议召开董事会，也未达到四分之一以上表决权比例召集临时股东会。某莱公司已经出现持续两年以上无法召开股东会，持续两年以上不能作出有效股东会决议的情形。某莱公司股东之间存在长期矛盾冲突，发生多起纠纷，公司经营管理出现了严重困难。其次，某莱公司成立不久，重要技术员兼发起人曾某超就去世，公司处于经营长期停滞状态，某莱公司大股东隆某颖因抽逃公司注册资金 5000 万元中的 4700 万元，被法院判决犯抽逃出资罪，股东的投资长期未能获得回报，已造成股东经济利益的重大损失，某莱公司存续会使股东利益受到进一步损害。最后，某莱公司股东间矛盾尖锐，被抽逃的出资也无法补足，股东间互相诉讼，经调解也无法就公司继续存续等达成一致意见。股东冲突通过其他途径已无法解决。综上，某莱公司具备司法解散事由。

四、案例解析

本案是股东通过诉讼强制解散公司的成功案例之一。强制解散公司的主要法律依据是《公司法》第一百八十二条及《最高人民法院关于适用〈中华人民共和国公司法〉若干问题的规定（二）》第一条的规定。

根据《公司法》第一百八十二条第一款的规定，股东提起强制解散公司之诉，需要满足四个方面的条件：

第一，提起诉讼的股东必须持有拟被要求解散的公司全部股东表决权百分之十以上。注意本条件规定的是"公司全部股东表决权百分之十以上"，这就排除了某些股东虽然持有拟被要求解散的公司的股权达到了百分之十以上，但是因为法律规定、公司章程规定等原因表决权被限制，提起强制解散公司之诉可能得不到法院判决支持。

第二，公司经营管理发生严重困难。什么是公司经营管理发生严重困难呢？《最高人民法院关于适用〈中华人民共和国公司法〉若干问题的规定（二）》列举的情形包括：一是公司持续两年以上无法召开股东会或者股东大会；二是股东表决时无法达到法定或者公司章程规定的比例，持续两年以上不能做出有效的股东会或者股东大会决议；三是公司董事长期冲突，且无法通过股东会或者股东大会解决；四是经营管理发生其他严重困难，公司继续存续会使股东利益受到重大损失的情形。另外《最高人民法院关于适用〈中华人民共和国公司法〉若干问题的规定（三）》还特别明确股东知情权、利润分配请求权等权益受到损害；公司亏损、财产不足以偿还全部债务；公司被吊销企业法人营业执照未进行清算；等等，不属于公司经营管理发生严重困难，股东以此为由起诉强制解散公司，人民法院有权不予受理。

第三，继续存续会使股东利益受到重大损失。股东利益分为管理控制权和投资收益权。因股东投资公司的原始目的就是使投资收益的最大化，故而这里的股东利益受到重大损失，应当侧重指向的是投资收益方面的受损。投资收益权受损，通常不是指股东利益具体、个别、直接或者有形的损失，而是指股东利益将来、可能、整体、全面的损失；不仅是提起诉讼的股东利益受到重大损失，而且包括其他股东将来利益受损的情况。

第四，通过其他途径不能解决。通常理解下，其他途径可以包括内部途径和外部途径。内部途径分为股东行使知情权、内部的股权转让以及公司收购股权、公司股东达成和解等方式。外部途径包括第三方调解、对外转让股权等方式。但是法律及司法解释没有规定要求股东在起诉之前必须穷尽所有的救济途径，如果要求起诉股东穷尽所有救济手段，现实上没有可操作性，客观上也会架空公司解散之诉。

五、律师建议

强制解散公司案件的基本事实一般并不复杂，法律依据也比较明确，但法条规定比较原则化。故律师在代理此类案件时，首先，要认真思考如何将相对原则化的法条规定，在具体案件中准确地理解与适用法律。其次，要准确把握强制解散公司诉讼的案件特征，从强制解散公司之诉需要满足的四个方面的条件入手组织证据，进行举证、质证，力求说服法官，达成自己的诉讼请求。再次，强制解散是公司在满足一定条件下，经过法定的程序解散公司，停止公司的经营和管理并终止对外交易，最终注销公司组织实体的一系列活动。公司解散对公司的股东、员工、债权人以及利益相关方有着重大的影响，且公司解散之后会引发公司关系的转变等一系列的连锁反应。故在代理此类案件，尤其是碰到大股东作为原告来起诉公司解散时，应当结合第三人利益保护的原则，公平理性地维护和平衡各方的利益。

六、法律法规依据

1.《公司法》（2018 年修订）第四十二条　股东会会议由股东按照出资比例行使表决权；但是，公司章程另有规定的除外。

2.《公司法》（2023 年修订）第六十五条　股东会会议由股东按照出资比例行使表决权；但是，公司章程另有规定的除外。

3.《公司法》（2018 年修订）第一百八十条　公司因下列原因解散：

（一）公司章程规定的营业期限届满或者公司章程规定的其他解散事由出现；

（二）股东会或者股东大会决议解散；

（三）因公司合并或者分立需要解散；

（四）依法被吊销营业执照、责令关闭或者被撤销；

（五）人民法院依照本法第一百八十二条的规定予以解散。

4.《公司法》（2023 年修订）第二百二十九条　公司因下列原因解散：

（一）公司章程规定的营业期限届满或者公司章程规定的其他解散事由出现；

（二）股东会决议解散；

（三）因公司合并或者分立需要解散；

（四）依法被吊销营业执照、责令关闭或者被撤销；

（五）人民法院依照本法第二百三十一条的规定予以解散。

公司出现前款规定的解散事由，应当在十日内将解散事由通过国家企业信用信息公示系统予以公示。

5.《公司法》（2018 年修订）第一百八十二条　公司经营管理发生严重困难，继续存续会使股东利益受到重大损失，通过其他途径不能解决的，持有公司全部股东表决权百分之十以上的股东，可以请求人民法院解散公司。

6.《公司法》（2023 年修订）第二百三十一条　公司经营管理发生严重困难，继续存续会使股东利益受到重大损失，通过其他途径不能解决的，持有公司百分之十以上表决权的股东，可以请求人民法院解散公司。

7.《公司法》（2018 年修订）第一百八十三条　公司因本法第一百八十条第（一）项、第（二）项、第（四）项、第（五）项规定而解散的，应当在解散事由出现之日起十五日内成立清算组，开始清算。有限责任公司的清算组由股东组成，股份有限公司的清算组由董事或者股东大会确定的人员组成。逾期不成立清算组进行清算的，债权人可以申请人民法院指定有关人员组成清算组进行清算。人民法院应当受理该申请，并及时组织清算组进行清算。

8.《公司法》（2023年修订）第二百三十二条 公司因本法第二百二十九条第一款第一项、第二项、第四项、第五项规定而解散的，应当清算。董事为公司清算义务人，应当在解散事由出现之日起十五日内组成清算组进行清算。

清算组由董事组成，但是公司章程另有规定或者股东会决议另选他人的除外。

清算义务人未及时履行清算义务，给公司或者债权人造成损失的，应当承担赔偿责任。

9.《最高人民法院关于适用〈中华人民共和国公司法〉若干问题的规定（二）》

第一条 单独或者合计持有公司全部股东表决权百分之十以上的股东，以下列事由之一提起解散公司诉讼，并符合公司法第一百八十二条规定的，人民法院应予受理：

（一）公司持续两年以上无法召开股东会或者股东大会，公司经营管理发生严重困难的；

（二）股东表决时无法达到法定或者公司章程规定的比例，持续两年以上不能做出有效的股东会或者股东大会决议，公司经营管理发生严重困难的；

（三）公司董事长期冲突，且无法通过股东会或者股东大会解决，公司经营管理发生严重困难的；

（四）经营管理发生其他严重困难，公司继续存续会使股东利益受到重大损失的情形。

股东以知情权、利润分配请求权等权益受到损害，或者公司亏损、财产不足以偿还全部债务，以及公司被吊销企业法人营业执照未进行清算等为由，提起解散公司诉讼的，人民法院不予受理。

案由 清算责任纠纷

鎏某公司与刘某园、施某西、张某涛、宝某公司、劳某公司清算责任纠纷案

张 逸[*]

一、案情简介

某才公司于1993年1月11日成立,原系国有企业,2006年底经改制引入民营资本。自2006年底起至今登记的股东及持股比例分别为:劳某公司68%、宝某公司30%、施某西0.75%、刘某园0.75%、张某涛0.5%。根据该章程的规定以及第一次股东会决议、第一届董事会决议,劳某公司、宝某公司均派员担任某才公司董事、监事,某才公司聘任刘某园、张某涛、施某西和许某为公司副总经理。

某才公司2006至2010年度的系列资产负债表记载:该公司2006年末资产总额为58 628 634.60元,负债总额为38 628 634.60元,净资产总额为2000万元;之后连年亏损,至2010年末资产总额为9 589 107.84元,负债总额为2 221 655.50元,净资产总额为7 367 452.34元。

2018年6月3日,某才公司因"违反公司成立后无正当理由超过六个月未开业,或者开业后自行停业连续六个月以上"而被上海市宝山区市场监督管理局吊销了营业执照,其企业状态现为"吊销未注销",一直未成立清算组对

---

[*] 张逸(1988年8月—),女,四川精伦律师事务所专职律师,曾获"2021—2022年度武侯区优秀青年律师"称号。

公司进行清算。

本案原告鎏某公司与某才公司下属的分支机构某才公司武汉分公司于2010年5月27日签署了《转款协议》，约定某才公司武汉分公司支付鎏某公司100万元。但某才公司武汉分公司未支付，后鎏某公司诉至法院。2019年7月8日，青山法院作出××号民事判决，判令：（1）被告某才公司武汉分公司于本判决生效之日起10日起向原告鎏某公司偿还100万元；（2）被告某才公司武汉分公司的财产不足清偿上述债务的，由被告某才公司承担清偿责任。因该案两被告未履行生效判决书所确定的付款义务，鎏某公司遂于2020年9月14日向青山法院申请强制执行，但未执行到任何款项。2021年1月7日青山法院作出××号之一执行裁定书，因"经穷尽财产调查措施，未发现被执行人有其他可供执行的财产，申请执行人向本院申请终结本案的本次执行程序"，裁定终结本次执行程序。

鎏某公司遂向上海宝山区法院起诉请求：判令刘某园、施某西、张某涛、宝某公司、劳某公司对某才公司在××号判决书项下的付款义务中未履行部分承担连带清偿责任。

一审审理中，刘某园、施某西、张某涛、宝某公司、劳某公司提交了××号之二民事裁定书、中国执行信息公开网公开信息，拟证明宝某公司于2011年7月11日、2016年3月18日、2020年9月14日分别被强制执行，并被列为失信被执行人。某才公司在2017年5月26日已经没有可供执行的财产，故刘某园、施某西、张某涛、宝某公司、劳某公司怠于启动清算程序，并没有造成某才公司财产的贬损流失。

一审审理中，宝某公司表示：劳某公司是某才公司的大股东并负责经营该公司，某才公司的财产、财务账册、印章以及其他文件等公司资料应该都在劳某公司处，但劳某公司被吊销营业执照后现在已经失联，宝某公司无法成立清算组对某才公司进行清算。

二、法院判决

一审判决结果：刘某园、施某西、张某涛、宝某公司、劳某公司对某才公司在××号判决书项下的付款义务中未履行部分承担连带清偿责任。

二审判决结果：驳回上诉，维持原判。

三、判决理由

鎏某公司提起本案诉讼，主要是基于《最高人民法院关于适用〈中华人民共和国公司法〉若干问题的规定（二）》第十八条第一款的规定，即有限责任公司的股东未在法定期限内成立清算组开始清算，导致公司财产贬值、流失、毁损或者灭失，债权人有权主张其在造成损失范围内对公司债务承担赔偿责任。

首先，某才公司于2018年6月3日被吊销营业执照，作为清算义务人的股东依法应在该法定解散事由出现之日起十五日内成立清算组，对某才公司开始清算，但包括宝某公司在内的股东均未及时履行前述义务。不仅如此，根据查明的某才公司章程，宝某公司向某才公司委派了两名董事、一名监事，可见宝某公司参与了某才公司的经营管理。宝某公司持股30%，其固然并非控股股东，但仍为第二大股东，在法定清算事由出现后，其仍有义务且能够采取积极措施及时履行清算义务。宝某公司怠于履行自身义务，存在主观过错。宝某公司主张因自身不掌握某才公司财务账册等资料而应免除义务和责任的上诉理由不能成立。

其次，某才公司2010年度的系列资产负债表记载，其当年末的净资产总额为700余万元。而在××执××号之一案执行及另案生效判决执行中，某才公司均无可供执行的财产，作为参与经营管理的宝某公司应对前述账面显示的资产用途和去向举证证明或作合理说明，但其并未对此作出合理、详细、具体的解释，而仅仅表示该些财产自2011年至被吊销营业执照期间已消耗殆尽。宝某公司并未对某才公司七百余万元的净资产系因某才公司正常经营支出而被消耗殆尽或者经由其他合理途径支出的事实进行证明。不仅如此，宝某公司在某才公司已处于负债未还乃至因停业超过六个月而被吊销营业执照，公司管理进入真空期的情况下，仍未及时启动清算程序。

综上，本案中，鎏某公司主张宝某公司在其造成某才公司财产贬值、流失、毁损或者灭失范围内承担赔偿责任的请求权基础要件均能够成立。宝某公司的相关主张因缺乏事实依据而难以成立。

四、案例解析

在有限责任公司的生命周期中，公司清算是其作为民事主体、市场主体注销前的必要程序。公司清算责任纠纷是指在公司注销完成后，公司的债权人对公司股东/其他清算义务人提起的要求其赔偿损失的纠纷。该类案件中，被告是否承担赔偿责任，主要构成要件为：（1）原告主张的债权是否存在；（2）被告的主体资格；（3）被告是否存在怠于清算的行为；（4）怠于清算的行为与债权人的损失是否有因果关系。

具体到本案中：（1）原告鎏某公司的债权已经青山法院生效法院文书所确定；（2）某才公司2018年已经出现法定的清算事由，但截至原告鎏某公司起诉之日的2021年，某才公司依旧未进行清算，该公司的所有股东均负有清算公司之法定义务；（3）在过错的证明上，本类案件采取过错推定原则，宝某公司无法对某才公司700万资产的去向作出合理的说明；（4）宝某公司也未举证证明其未在法律规定的期限内启动清算程序与某才公司财产贬损、流失、毁损或者灭失之间不具有因果关系，应当承担举证不能的法律后果，其行为导致鎏某公司的债权至今未能实现，应对某才公司所欠鎏某公司的债务承担赔偿责任。

五、律师建议

有限公司清算责任纠纷在司法实践中，需认定的事实较为庞杂，且属于侵权纠纷，对原被告双方的证明责任分配不同于一般案件。律师将从被清算公司、清算义务人、债权人三个角度来论证，各方应如何最大限度保障自身在清算程序中的权益。

1. 公司股东应在公司章程中提前载明公司解散之具体情形。

《公司法》第一百八十条规定了公司解散的法定原因，一百八十二条规定了股东请求法院解散的情形。其中法定原因第一款为"公司章程规定的营业期限届满或者公司章程规定的其他解散事由出现"，第二款为股东会或者股东大会决议解散，该条款赋予了公司股东约定公司解散原因的权利。

为确保公司出现特定原因时能够及时解散，避免法律风险与进一步损失，股东可在公司章程中提前载明解散原因，或者在股东会的议事规则中载明何种情形何种比例的股东可以达成解散公司的决议。

2. 关于公司清算的内部关系。

有限责任公司的清算组由股东组成，但未参与经营的小股东因其无法掌握公司账簿等资料，难以自行组织公司清算。在司法实践中，持股比例小且不参与公司实际经营，是被告主要的抗辩理由；法院将从股东是否派员参与公司管理、账目往来等角度审查抗辩理由能否成立。在此，律师建议各股东首先可就"是否参与公司经营"之事实作出具体约定如在公司章程中载明或签署书面协议，其次在公司股东达成解散决议时，也可对债务承担的具体事宜达成内部约定，以确保对外承担责任后的内部追偿。

3. 债权人应及时主张债权，避免诉讼时效的经过。

在清算责任纠纷中，债权人主张的债权是否超过诉讼时效是能否得到法院支持的重要事实，该类案件的诉讼时效集中在两个节点。

（1）债权人对公司的诉讼时效是否经过，根据《民法典》规定的诉讼时效为三年，即公司的履行期限届满之日起三年内债权人是否主张过该债权，若对公司的诉讼时效已经经过，且对方当事人提出诉讼时效的抗辩，该债权无法得到法院支持。

（2）该债权对清算义务人即各股东的诉讼时效是否经过，换言之公司债权人从知道或者应当知道公司无法进行清算之日起，是否超过三年。对于该事实，由清算义务人承担较重的证明责任。

如债权人先申请公司强制清算，法院经审理后以无法清算或无法完全清算为由终结清算程序的，应当以终结裁定送达债权人之日为知晓之日。此种情形下，若清算义务人有证据证明公司债权人在终结裁定作出前知道或应当知道的，以该时点起算诉讼时效。

如公司债权人直接起诉清算义务人的，法院经审查认定公司确实无法清算，清算义务人又以诉讼时效抗辩的，由清算义务人就债权人何时已经知晓无法清算的事实进行举证。如清算义务人不能证明无法清算的事实状态在诉前即已确定且已为债权人知晓的，可认定通过本次诉讼程序确认无法清算的事实。

六、法律法规依据

1.《公司法》（2018年修订）第一百八十条 公司因下列原因解散：

（一）公司章程规定的营业期限届满或者公司章程规定的其他解散事由出现；

（二）股东会或者股东大会决议解散；

（三）因公司合并或者分立需要解散；

（四）依法被吊销营业执照、责令关闭或者被撤销；

（五）人民法院依照本法第一百八十二条的规定予以解散。

2.《公司法》（2023年修订）第二百二十九条 公司因下列原因解散：

（一）公司章程规定的营业期限届满或者公司章程规定的其他解散事由出现；

（二）股东会决议解散；

（三）因公司合并或者分立需要解散；

（四）依法被吊销营业执照、责令关闭或者被撤销；

（五）人民法院依照本法第二百三十一条的规定予以解散。

公司出现前款规定的解散事由，应当在十日内将解散事由通过国家企业信用信息公示系统予以公示。

3.《公司法》（2018年修订）第一百八十二条 公司经营管理发生严重困难，继续存续会使股东利益受到重大损失，通过其他途径不能解决的，持有公司全部股东表决权百分之十以上的股东，可以请求人民法院解散公司。

4.《公司法》（2023年修订）第二百三十一条 公司经营管理发生严重困难，继续存续会使股东利益受到重大损失，通过其他途径不能解决的，持有公司百分之十以上表决权的股东，可以请求人民法院解散公司。

5.《公司法》（2018年修订）第一百八十五条 清算组应当自成立之日起十日内通知债权人，并于六十日内在报纸上公告。债权人应当自接到通知书之日起三十日内，未接到通知书的自公告之日起四十五日内，向清算组申报其债权。

债权人申报债权，应当说明债权的有关事项，并提供证明材料。清算组应当对债权进行登记。

在申报债权期间，清算组不得对债权人进行清偿。

6.《公司法》（2023年修订）第二百三十五条 清算组应当自成立之日起十日内通知债权人，并于六十日内在报纸上或者国家企业信用信息公示系统公告。债权人应当自接到通知之日起三十日内，未接到通知的自公告之日起四十五日内，向清算组申报其债权。

债权人申报债权，应当说明债权的有关事项，并提供证明材料。清算组应当对债权进行登记。

在申报债权期间，清算组不得对债权人进行清偿。

7.《最高人民法院关于适用〈中华人民共和国公司法〉若干问题的规定（二）》第十八条 有限责任公司的股东、股份有限公司的董事和控股股东未在法定期限内成立清算组开始清算，导致公司财产贬值、流失、毁损或者灭失，债权人主张其在造成损失范围内对公司债务承担赔偿责任的，人民法院应依法予以支持。

有限责任公司的股东、股份有限公司的董事和控股股东因怠于履行义务，导致公司主要财产、账册、重要文件等灭失，无法进行清算，债权人主张其对公司债务承担连带清偿责任的，人民法院应依法予以支持。

　　上述情形系实际控制人原因造成，债权人主张实际控制人对公司债务承担相应民事责任的，人民法院应依法予以支持。

案由 请求撤销个别清偿行为纠纷

海南某某有限公司诉特某某有限公司返还财产纠纷案

张弛[*]

一、案情简介

2010年1月12日起，海南某某有限公司（以下简称"泛某某公司"）向特某某有限公司（以下简称"特某某公司"）租用集装箱。因泛某某公司拖欠特某某公司租箱费用，特某某公司通过司法程序扣押了泛某某公司船舶。2013年6月25日，特某某公司分别要求作为承租人或连带承租人的泛某某公司、泛某某公司、洋某某公司签订协议。该份协议涉及上述当事人分别于2010年1月1日起（HPO40号）、2010年4月1日起（HPO41号）、2011年1月1日起（HPO42号）、2011年4月1日起（HPO43号）、2011年5月1日起（HPO44号）、2011年9月1日起（HPO45号）生效的租赁协议。该份协议主要内容：(1) 解除司法扣押及船舶抵押的条件。泛某某公司应于2013年6月30日前出售其所有的洋浦湾轮船，应于2013年7月31日前出售其所有的位于上海市浦东新区金湘路345号19楼的1907室、1908室、1909室、1910室、1911室、1912室、1913室、1915室、1916室、1917室、1918室、1922室、1923室、1925室，共14间房产，销售收益转给特某某公司认可的上海某

---

[*] 张弛（1969年1月16日— ），男，四川精伦律师事务所专职律师，曾获"2017年青羊区律师行业优秀党员""2022年武侯区优秀法援律师"称号。

某（天津）律师事务所；提供泛某某公司所有的"龙沐湾"轮船抵押，担保2011年9月1日起生效的HPO45号租赁协议下的义务履行；支付被告16.5万美元，作为HPO45号租赁协议下的付款；提供给特某某公司一份建设银行与泛某某司新贷款协议副本，周转信用额度至少5000万元。满足上述条件后，特某某公司收回2013年1月29日的解除合同通知，特某某公司申请解除司法扣押。（2）承租人义务。应于2013年6月30日前向特某某公司支付110万美元作为HPO45协议下产生的费用，剩余的金额作为HPO40、HPO41、HPO42、HPO43、HPO44合同下产生的费用。应于2013年7月31日前向特某某公司支付2013年2月、3月、4月、5月在HPO40、HPO41、HPO42、HPO43、HPO44合同下产生的所有欠付费用及HPO45下所有欠付费用。2013年8月15日前返还HPO45下的5500个集装箱等。王某某在该份协议的泛某某公司、泛某某公司、洋某某公司三个单位的签名处签署自己的名字，并在泛某某公司、泛某某公司盖章处加盖泛某某公司的公司印章。2013年7月5日，双方在海南海事局办理了"龙沐湾"轮船抵押手续。由于泛某某公司未依约支付特某某公司16.5万美元，特某某公司于2013年7月5日要求泛某某公司支付107万元至上海某某（天津）律师事务所的账户，待泛某某司支付特某某公司16.5万美元后，该107万元全额返还泛某某公司。2013年7月8日，泛某某公司通过网上银行支付至上海某某（天津）律师事务所银行账号107万元，摘要为"箱租"；同月23日，泛某某公司再次通过网上银行支付至上海某某（天津）律师事务所银行账号200万元，摘要为"保证金"。而特某某公司利用这两笔款替泛某某公司支付拖欠港口码头存放集装箱的费用，以赎回自己租给泛某某公司使用的散落在宁波、镇江等港口码头的集装箱。2013年10月21日，泛某某公司向法院提起破产清算申请，法院于同年同月31日裁定受理其破产清算申请，并指定泛某某公司清算组为破产管理人，遂引起本案纠纷。

　　2013年7月29日，特某某公司向海某某法院申请支付令，该院审查后于2013年7月31日作出（2013）琼海法督字第1号支付令，责令泛某某公司向特某某公司支付海运集装箱租金2 384 262.50美元（折合人民币14 724 966.77元）。支付令送达后，泛某某公司未提出异议，支付令生效。特某某公司遂依生效支付令向海某某法院申请强制执行。执行过程中，泛某某公司在未经资产评估机构依法评估的情形下，于2013年8月27日与特某某公司的委托代理人周某某达成《部分执行和解协议》，径行将其所有的上海市浦东新区金湘路345号19楼的14套房屋以1 376 317.62美元（折合人民币约850万元）抵偿给特某某公司。抵债后，特某某公司的委托代理人周某某代表特某某公司于2013年9

月7日与其妻子即本案第三人签订《房屋变卖协议》（该协议中乙方一栏第三人未签名），将上述房产以更低的115万美元（按签约当天汇率计算，转让价款折合人民币仅为702.2万元）转让给第三人。2013年9月17日，海某某法院作出（2013）琼海法执字第463号《执行裁定书》，将上述14套房产过户至第三人名下。诉讼期间，经泛某某公司清算组申请，法院对上述14套房产进行查封时，发现其中1917室、1918室已被第三人以155万元转让他人。

原审法院作出的（2014）浦民初字第1号判决，对协议约定并办理的抵押权予以撤销，本院作出的（2014）浦民初字第75号判决，对个别清偿的14套房产予以撤销。

泛某某公司清算组因本案纠纷提起诉讼请求：撤销2013年6月25日签订的协议，由特某某公司返还泛某某公司307万元。

二、法院判决

一审判决结果：（1）撤销泛某某公司分别于2013年7月8日、2013年7月23日支付给特某某公司107万元、200万元的行为，限特某某公司于本判决生效之日起十日内返还给泛某某公司307万元。（2）撤销泛某某公司与特某某公司于2013年6月25日签订的协议。如果特某某公司未按本判决指定的期间履行给付金钱义务，应当依照《民事诉讼法》第二百五十三条之规定，加倍支付迟延履行期间的债务利息。案件受理费31 460元，由特某某公司负担。

二审判决结果：驳回上诉，维持原判。

三、判决理由

一审法院认为，《企业破产法》第二条第一款规定"企业法人不能清偿到期债务，并且资产不足以清偿全部债务或者明显缺乏清偿能力的，依照本法规定清理债务"，同时，该法第三十二条规定"人民法院受理破产申请前六个月内，债务人有本法第二条第一款规定的情形，仍对个别债权人进行清偿的，管理人有权请求人民法院予以撤销。但是，个别清偿使债务人财产受益的除外"，而法院受理泛某某公司破产清算申请就是依据该法的第二条。本案争议的焦点是泛某某司支付给特某某公司307万元是否属于对被告的个别清偿。从上海某某（天津）律师事务所替泛某某公司支付的集装箱赎金看，该款用于泛某某公司应付的其他债权人债务，但仍应属于泛某某公司清算组有权请求本院予以撤销的个别清偿行为，理由是：首先，该款是在破产申请前六个月内支付的。其次，该款是按照特某某公司的指示，存入特某某公司指定的账户，已受特某某公司控制和支配。再次，特某某公司替泛某某公司支付所欠集装箱赎金，不是使泛某某公司财产受益，而是为了特某某公司能尽早赎回自己的集装箱，是为了特某某公司自己的利益。泛某某公司清算组诉请要求撤销 2013 年 6 月 25 日签订的协议，根据上述法律规定，只有其中涉及对特某某公司已进行个别清偿的才是本案应撤销的，其他内容本不应理涉，但现仍予以撤销，基于以下考虑：一方面，若驳回泛洋清算组要求撤销协议的诉请，则与法院作出的（2014）浦民初字第 1 号判决中对协议约定并办理的抵押权予以撤销和（2014）浦民初字第 75 号判决中对个别清偿的 14 套房产予以撤销相互矛盾。另一方面，该协议实质是还债计划，泛某某公司现已破产，该协议已履行部分的内容均已被法院判决予以撤销，而未履行部分的内容特某某公司可向泛某某公司清算组申报债权，如有异议，仍可通过诉讼解决。

二审法院认为，2013 年 10 月 31 日，海南省某某人民法院作出的（2013）浦破（预）字第 1-1 号决定书，指定泛某某公司算组作为泛某某公司的管理人。根据《企业破产法》第三十二条的规定，泛洋清算组作为泛某某公司管理人具有提起请求撤销清偿行为诉讼的法定职权。上诉人特某某公司关于泛洋清算组主体不适格的上诉意见，于法无据，本院不予采纳。

本案中泛某某公司在经营出现困难，不能清偿到期债务，资产不足以清偿全部债务及明显缺乏清偿能力的情况下，仍于 2013 年 6 月 25 日与特某某公司签订协议，该协议旨在清偿双方的到期债务，同时泛某某公司依据协议已对特某某公司进行了个别清偿。根据《企业破产法》第二条、第三十二条，以及《最高人民法院关于适用〈中华人民共和国企业破产法〉若干问题的规定（二）》第九条之规定，由于该协议及依据协议进行的个别清偿行为，违反了法律的强制性禁止规定，与法相悖。2013 年 6 月 25 日泛某某公司与特某某公司签订清偿协议，同年的 7 月 8 日、7 月 23 日泛某某公司按特某某公司要求共支付 307 万元至上海某某（天津）律师事务所名下，2013 年 10 月 21 日泛某某公司向一审法院提起破产清算申请，同年 10 月 31 日法院受理该破产清算申请。上述协议的签订时间及依据该协议支付 307 万元的时间与法院受理泛某某公司破产清算申请的时间均未超过法定的六个月期限，故一审法院撤销 2013 年 6 月 5 日所签订的协议及判令特某某公司返还 307 万元款项，于法有据，应予支持。特某某公司的上诉意见，与事实不符，无法律依据，法院不予支持。

四、案例解析

1. 个别清偿行为必须发生在破产受理前六个月内。如果债务人在人民法院受理破产申请六个月前向债权人清偿债务，无论该债务的清偿期限已经或者尚未届满，都不应该成为本条规定的可撤销的对象；如果该债务的清偿期限尚未届满，并且该行为发生在人民法院受理破产申请前一年内，则属于《企业破产法》第三十一条第四项规定的可撤销的行为。

债务人经过行政清理程序转入破产程序的，可撤销行为的起算点，为行政监管机构作出撤销之日；债务人经过强制清算程序转入破产程序的可撤销行为的起算点，为人民法院裁定受理强制清算申请之日。

2. 债务已到期。请求撤销个别清偿行为纠纷中债务与《企业破产法》第三十一条第四项所规范的行为都属于在人民法院受理破产申请前一定期限内债务人向债权人清偿债务的行为，两者的区别在于本案由所规范的主要是清偿到期债务的行为，而《企业破产法》第三十一条第四项规范的是清偿未到期债务的行为。

3. 债务人必须处于破产临界状态。进行个别清偿时，债务人必须具有《企业破产法》第二条第一款规定的情形，即债务人不能清偿到期债务，并且资产不足以清偿债务或者明显缺乏清偿能力，即处于无力清偿（或者支付不能）的状态。

五、律师建议

个别清偿行为是指债务人在对多个债权人承担债务的情况下，只对个别债务人进行清偿的行为。根据《企业破产法》规定，债务人在破产申请受理后和法院受理破产申请前六个月内已出现不能清偿到期债务且资产不足以清偿全部债务或明显缺乏清偿能力，仍对个别债权人做出清偿的行为，应当认定为个别清偿。

当债务人出现破产原因时，为确保全体债权人公平受偿，债务人应当通过破产程序集体清理债权债务关系，不得对个别债权人进行偏颇性清偿进而损害其他债权人公平受偿权。如果债务人在进入破产程序之前，明知已经具备破产原因，仍然违背诚实信用原则，对个别债权人清偿，导致债务人责任财产不当减少，有违债权平等保护、公平受偿原则的，管理人在破产程序中有权请求人民法院撤销该行为，并有权追回因该行为转移的财产。

请求撤销个别清偿行为属于破产撤销权范畴，管理人只能通过诉讼的方式行使，由此引发的纠纷为请求撤销个别清偿行为纠纷。

本案中，泛某某公司对特某某公司的个别清偿行为减少了公司财产，对其他债权人的债权实现造成了阻碍，也违背了破产案件中同一顺位债权人平等受偿的原则。

破产案件中，债权人为了实现债权往往使用各种方式和手段要求债务人对其进行足额清偿，但是这种清偿基本上都会被法院撤销。当遇到债务人破产时，应当及时向破产管理人申报债权并提供相应证据材料，通过合法正确的方式来维护自身权益。

六、法律法规依据

1.《企业破产法》第二条第一款　企业法人不能清偿到期债务，并且资产不足以清偿全部债务或者明显缺乏清偿能力的，依照本法规定清理债务。

2.《企业破产法》第三十二条　人民法院受理破产申请前六个月内，债务人有本法第二条第一款规定的情形，仍对个别债权人进行清偿的，管理人有权请求人民法院予以撤销。但是，个别清偿使债务人财产受益的除外。

3.《企业破产法》第三十四条　因本法第三十一条、第三十二条或者第三十三条规定的行为而取得的债务人的财产，管理人有权追回。

4.《最高人民法院关于适用〈中华人民共和国企业破产法〉若干问题的规定（一）》第一条第一款　债务人不能清偿到期债务并且具有下列情形之一的，人民法院应当认定其具备破产原因：

（一）资产不足以清偿全部债务；

（二）明显缺乏清偿能力。

5.《最高人民法院关于适用〈中华人民共和国企业破产法〉若干问题的规定（一）》第二条　下列情形同时存在的，人民法院应当认定债务人不能清偿到期债务：

（一）债权债务关系依法成立；

（二）债务履行期限已经届满；

（三）债务人未完全清偿债务。

6.《最高人民法院关于适用〈中华人民共和国企业破产法〉若干问题的规定（一）》第三条　债务人的资产负债表，或者审计报告、资产评估报告等显示其全部资产不足以偿付全部负债的，人民法院应当认定债务人资产不足以清偿全部债务，但有相反证据足以证明债务人资产能够偿付全部负债的除外。

7.《最高人民法院关于适用〈中华人民共和国企业破产法〉若干问题的规定（一）》第四条　债务人账面资产虽大于负债，但存在下列情形之一的，人民法院应当认定其明显缺乏清偿能力：

（一）因资金严重不足或者财产不能变现等原因，无法清偿债务；

（二）法定代表人下落不明且无其他人员负责管理财产，无法清偿债务；

（三）经人民法院强制执行，无法清偿债务；

（四）长期亏损且经营扭亏困难，无法清偿债务；

（五）导致债务人丧失清偿能力的其他情形。

8.《最高人民法院关于适用〈中华人民共和国企业破产法〉若干问题的规定（二）》第九条　管理人依据企业破产法第三十一条和第三十二条的规定提起诉讼，请求撤销涉及债务人财产的相关行为并由相对人返还债务人财产的，人民法院应予支持。

管理人因过错未依法行使撤销权导致债务人财产不当减损，债权人提起诉讼主张管理人对其损失承担相应赔偿责任的，人民法院应予支持。

9.《最高人民法院关于适用〈中华人民共和国企业破产法〉若干问题的规定（二）》第十条　债务人经过行政清理程序转入破产程序的，企业破产法第三十一条和第三十二条规定的可撤销行为的起算点，为行政监管机构作出撤销之日。

债务人经过强制清算程序转入破产程序的，企业破产法第三十一条和第三十二条规定的可撤销行为的起算点，为人民法院裁定受理强制清算申请之日。

10.《最高人民法院关于适用〈中华人民共和国企业破产法〉若干问题的规定（二）》第十四条　债务人对以自有财产设定担保物权的债权进行的个别清偿，管理人依据企业破产法第三十二条的规定请求撤销的，人民法院不予支持。但是，债务清偿时担保财产的价值低于债权额的除外。

11.《最高人民法院关于适用〈中华人民共和国企业破产法〉若干问题的规定（二）》第十五条　债务人经诉讼、仲裁、执行程序对债权人进行的个别清偿，管理人依据企业破产法第三十二条的规定请求撤销的，人民法院不予支持。但是，债务人与债权人恶意串通损害其他债权人利益的除外。

12.《最高人民法院关于适用〈中华人民共和国企业破产法〉若干问题的规定（二）》第十六条　债务人对债权人进行的以下个别清偿，管理人依据企业破产法第三十二条的规定请求撤销的，人民法院不予支持：

（一）债务人为维系基本生产需要而支付水费、电费等的；

（二）债务人支付劳动报酬、人身损害赔偿金的；

（三）使债务人财产受益的其他个别清偿。

案由 请求确认债务人行为无效纠纷

东某某司破产管理人诉东某某司与陈某某行为无效纠纷案

张 弛[*]

一、案情简介

2012年9月4日，东某某司与陈某某签订东来国际大厦楼房的《商品房买卖合同》，合同编号分别为：201200620032、201200620033、201200620034。同日，东某某司又与陈某某签订《协议书》一份，该《协议书》第一条的内容约定：东某某司向陈某某借款1050万元，借期一年，即从2012年9月5日至2013年9月4日（按实际资金到账日计算），借方可提前还款。利率按约定每月五日支付（按三十天计），如到期东某某司不支付利息，按该《协议书》第二条的约定处理。该《协议书》第二条的内容约定：鉴于东某某司为融资需要故于2012年9月4日与陈某某签订《商品房买卖合同》，合同编号分别为：201200620032、201200620033、201200620034。为此，为明确双方真实的意愿，特约定如下：（1）双方签订的《商品房买卖合同》且将该合同表明的房屋进行预售登记备案，是融资抵押权的设立，并非真实的销售行为。（2）如东某某司未在2013年9月4日前将上述借款共计1050万元归还给陈某某或者东某某司未按约定时间支付利息，则视为东某某司已不能履行还款协议，则陈某某已登记备案的房屋归陈某某所有，扣除东某某司支付给陈某某应付费用外，超

---

[*] 张弛（1969年1月— ），男，四川精伦律师事务所专职律师，曾获"2017年青羊区律师行业优秀党员""2022年武侯区优秀法援律师"称号。

过部分房款陈某某按合同价支付给东某某司。陈某某依据上述《商品房买卖合同》的约定办理商品房过户手续。同时双方对 1050 万元的债权债务已了结完毕。(3) 东某某司返还上述购房款和相关费用是以陈某某单方解除《商品房买卖合同》的情形处理，因此，陈某某在收到东某某司返还购房款 1050 万元后，应(在五个工作日内)协助东某某司办理解除《商品房买卖合同》手续，如陈某某不协助或不愿解除《商品房买卖合同》，视为陈某某愿意购买上述商品房，则商品房单价调整到一层商铺为 30 400 元/平方米，二层商铺为 13 780 元/平方米，面积按实计算，其余《商品房买卖合同》不变。东某某司在收到陈某某房价增加部分金额和东某某司已支付陈某某的利息后，协助陈某某办理上述商品房过户手续。该《协议书》还就协议履行、违约责任、担保责任等其他事宜进行了约定。《商品房买卖合同》和《协议书》签订后，陈某某于 2012 年 9 月 5 日通过中某某行现场缴款的形式支付给东某某司 1050 万元，东某某司同时向陈某某出具了收款凭据，之后，东某某司将此合同项下的房屋进行备案登记。其后，双方合意解除了编号为 201200620032、201200620033 的《商品房买卖合同》，并撤销备案登记，仅剩编号为 201200620034 的《商品房买卖合同》。从 2012 年 9 月 5 日起至 2013 年 11 月 20 日止，东某某司按《协议书》的约定每月支付陈某某一定的款息，根据宁波市公安局镇海分局的调查材料以及银行账户明细和交易凭证来看，东某某司的职员周某某与陈某某在管理东某某司借贷和发放利息等事宜。

2013 年 12 月 18 日东某某司以其不能清偿到期债务且已严重资不抵债等为由，向原审法院申请进行重整，2013 年 12 月 19 日，原审法院审查后依法裁定受理东某某司的重整申请，并以(2013)甬镇破字第 7 号决定书指定"东某某"企业债务危机应急工作领导小组担任东某某司的管理人，限东某某司在法院决定书送达之日起十日内向指定的管理人移交公司的财产、印章、账簿、文书等资料。破产管理人接管后，发现东某某司因融资需要向陈某某借贷，东某某司与陈某某签订的《商品房买卖合同》并非真实买卖关系。故提起本案诉讼。

东某某司破产管理人于 2014 年 10 月 27 日向原审法院提起诉讼称：东某某司与陈某某之间的真实意思表示为借款而非商品房买卖，双方之间实为民间借贷关系，而且涉案《商品房买卖合同》的房屋售价也远低于正常的市场售价和备案的销售价格，不符合市场交易惯例。在东某某公司破产重整的情况下，双方之间这种虚假的房屋买卖关系，已经严重损害了其他债权人的合法权益。故请求依法确认东某某司与陈某某之间签订的编号为 201200620034 的《商品房买卖合同》无效。

陈某某在原审中答辩称：第一，《商品房买卖合同》和《协议书》约定的内容是东某某司与陈某某的真实意思表示，是一种真实的、附条件的买卖合同，合法有效，东某某司破产管理人主张合同无效毫无法律依据，应依法驳回其诉讼请求；第二，东某某司破产管理人以双方虚构房屋买卖合同、房屋价格明显不合理、损害其他债权人利益为由主张合同无效，其所陈述的事实和理由不成立。首先，涉案的《协议书》与《商品房买卖合同》是互相结合的有机体，借款与购房互为依赖，缺一不可，东某某司与陈某某是在明确具体条件后签订的，《协议书》实质是一份附条件的补充合同，系双方真实意思表示，完全不存在虚构房屋买卖的事实，这种形式并不违反法律的规定，东某某司违约在先，应按《协议书》的约定，履行《商品房买卖合同》。其次，关于购房价格，完全是买卖双方平等协商后的市场交易行为，不存在明显低价情形。否则东某某司不必签订这种合同，可直接卖房融资，根据《协议书》的约定，购房发生在借款到期后，陈某某才能行使购房权，此房价乃是双方对一年后房价的约定，适当低一点也符合常理。陈某某按约支付了房款，根据《商品房买卖合同》的约定，购房人支付房价超过70%的价款，则房屋买卖合同不能被擅自主张无效或撤销。最后，关于损害其他债权人利益，东某某司与陈某某的房屋买卖行为不但没有损害第三人的利益，反而有利于东某某司的经营和其他债权人的利益，如果没有这种购房行为，东某某司筹集不到资金，也许其经营状况更加恶化。双方完全是互有对价、互惠互利的一种商业行为。双方应当遵守诚实守信的原则履行合同。双方签订的合同不存在无效的任何法律依据。

二、法院判决

一审判决结果：确认东某某司与陈某某于2012年9月4日签订的编号为201200620034的《商品房买卖合同》无效。

二审判决结果：驳回上诉，维持原判。

三、判决理由

一审法院认为，民事活动应当遵守自愿、平等、等价有偿、诚实信用的原则，不得违反法律、法规的禁止性规定。案件中，东某某司与陈某某形式上签订了《商品房买卖合同》，但从双方同时签订的《协议书》所约定的权利义务内容看，双方签订的《商品房买卖合同》且将该合同表明的房屋进行买卖登记备案，是融资抵押权的设立，并非真实的销售行为。东某某司与陈某某的民事行为，并非房屋买卖法律关系，而是借款担保关系。这种名为房屋买卖实为借款担保的关系，可以从以下几个方面得以印证：第一，涉买卖的房屋系地处宁波市镇海区新城核心区某商务地块的东来国际大厦商铺，其售房价格明显低于同类商品房的市场价，也与备案登记的商品房价格悬殊；第二，陈某某一次性支付购房价款1050万元后，由东某某司分别每月支付陈某某相应利息，若东某某司在借款到期时还清本金和利息的，则东某某司解除《商品房买卖合同》，陈某某应同意并协助东某某司办理解除合同手续，若东某某司未能按约定偿还本息，则双方在调整商品房单价的基础上按《商品房买卖合同》办理房屋过户手续，该约定与正常的商品房市场交易习惯明显不符；第三，从公安机关的调查材料以及东某某司的破产重整申请的整体情况看，东某某司在2012年、2013年确实存在债务危机，急需融资以缓解资金紧张的情势，确实存在签订形式上的商品房买卖合同以作借贷担保的情形。案件中，东某某司与陈某某所签订的《商品房买卖合同》及相应的《协议书》作为一个整体，内容主要包括融资借款而形成的债权债务关系、以买卖商品房的方式体现的借款担保关系，以及买卖商品房的形式体现的以房抵债的约定。《协议书》中分别约定在东某某司未在借款到期时将1050万元归还给陈某某或者东某某司未按约定分别支付利息，则视之为东某某司不能履行还款协议，已备案登记的房屋归陈某某所有。双方签订的《商品房买卖合同》本质是为担保借款债务履行而存在，其本身并不具有独立性，是为规避担保法规关于流质的禁止性规定而设，属于变相的流质契约，故相应的商品房买卖应属无效。至于陈某某提出东某某司与陈某某之间的契约是一种附解除条件的商品房买卖合同，东某某司未按约定归还本金和利息，应当继续履行《商品房买卖合同》的抗辩意见。原审法院认为，东某某司对外融资之需，其以预售商品房的方式为借款设立担保，这种为担保债权而签订的商品房买卖合同不具有独立性，明显不符合商品房正常交易的惯例，协议约定的内容有失公平，也违反物权法规、担保法规禁止流质契约的相关规定，不应简单地以支付对价、形式上签订买卖合同便认为其有效，故对其抗辩意见不予采纳。综上所述，东某某司破产管理人主张东某某司与陈某某签订的《商品房买卖合同》无效，有事实和法律依据，予以支持。

二审法院认为，本案的争议焦点是涉案《商品房买卖合同》是否有效，该争点涉及东某某司与陈某某之间民事法律关系的性质和效力问题。第一，关于本案所涉法律关系的性质问题。根据查明的事实，东某某司与陈某某在签订涉案《商品房买卖合同》同时,又签订一份《协议书》,该《协议书》约定:双方签订的《商品房买卖合同》且将该合同表明的房屋进行预售登记备案,是融资抵押权的设立,并非真实的销售行为;如东某某司未在借款到期时将1050万元借款归还给陈某某或者东某某司未按约定支付利息,则视为东某某司已不能履行还款协议,则陈某某已登记备案的房屋归陈某某所有,陈某某依据上述《商品房买卖合同》的约定办理商品房过户手续,同时双方对1050万元的债权债务已了结完毕;如东某某司返还上述购房款和相关费用,则以陈某某单方解除《商品房买卖合同》的情形处理。故从上述约定内容看,《商品房买卖合同》与《协议书》是一个有机整体,《协议书》明确约定以签订《商品房买卖合同》并办理预售备案登记的方式为《协议书》所约定的借款提供"抵押"担保,并约定如东某某司不按约归还本息,则陈某某已登记备案的房屋归陈某某所有。由于双方并未办理抵押登记,并不满足《物权法》所规定的抵押权的设立条件,故《协议书》中所称的"抵押权"并未设立。但双方签订《商品房买卖合同》并办理预售备案登记行为应认定为非典型的担保行为。第二,关于涉案《商品房买卖合同》的效力问题。涉案《协议书》约定,如东某某司不按约归还本息,则陈某某已登记备案的房屋归陈某某所有。此约定是一种担保权的实现方式,但约定内容与《物权法》第一百八十六条规定所禁止的流质条款性质一致。《物权法》第一百八十六条规定:"抵押权人在债务履行期届满前,不得与抵押人约定债务人不履行到期债务时抵押财产归债权人所有。"该规定主要是基于平衡双方当事人利益考虑,防止居于优势地位的债权人牟取不当暴利,损害债务人特别是其他债权人的利益。就本案而言,虽然双方所设立的是一种非典型的担保方式,但为平衡双方当事人利益及确保破产债务人东某某司的其他债权人的公平受偿之目的,涉案《商品房买卖合同》作为一种担保权实现方式也应遵循物权法规有关禁止流质的原则,且《协议书》所明确的签订该《商品房买卖合同》"并非真实的销售行为",故原审法院对涉案《商品房买卖合同》作出的无效确认并无不当,即在东某某司不按约归还本息情形下,陈某某不能以该《商品房买卖合同》请求对方交付该合同项下的房屋。但是,需要明确的是,根据《合同法》第五十六条规定:"合同部分无效,不影响其他部分效力的,其他部分仍然有效。"因此,《协议书》中上述约定条款包括《商品房买卖合同》在前述意义上的无效,仅是双方所设立的非典型担保行为中有关担保权实现方式的部分内容,不影响该非典型担保方式作为担保行为的其他效力,即在东某某司不按约归还本息情形下,陈某某可以通过拍卖或变卖案涉房屋的方式担保其债权的实现。综上,陈某某上诉提出的有关涉案《商品房买卖合同》有效的理由不能成立，法院对其上诉请求不予支持。

四、案例解析

请求确认债务人行为无效纠纷，是指债务人进入法院破产案件审理程序后，破产管理人主张债务人实施行为无效而向人民法院提起诉讼所引起的纠纷。请求确认债务人行为无效纠纷针对的是债务人实施通过隐匿、转移财产和虚构债务或者承认不真实债务的行为导致债务人财产的不当减少，应认定为其自始无效。

破产撤销权纠纷和请求撤销个别清偿行为纠纷针对的是债务人在进入破产程序前一段时间内以有偿或无偿的行为转让或者放弃财产权益的行为，被撤销行为自始无效（但属于可撤销的民事行为，在被撤销前不应认定其为无效）。

债务人财产的无效行为认定的注意事项：

1. 发生该行为的主体是开放的，可以是债务人、管理人或者债务人财产的其他保管人等。

2. 客观行为表现为隐匿、转移财产和虚构债务、承认不真实的债务。

3. 对行为发生的时间没有限制（对上述无效行为发生在破产申请受理之前，还是发生在破产申请之后，或者是破产程序终结之后，并无限制性规定）。

4. 破产程序属于执行程序，对隐匿或者转移的财产，管理人可以直接追回，必要时请求人民法院采取强制措施。

五、律师建议

无效行为是指债务人实施的有害于债权人整体利益的不符合法定有效条件并不能产生行为人预期法律后果的行为。根据《企业破产法》第三十三条规定，涉及债务人财产的下列行为无效：

1. 为逃避债务而隐匿、转移财产的行为。为逃避债务而隐匿、转移财产的行为是指债务人为逃避债务而实施的隐瞒债务人财产信息、将财产置于隐蔽场所或者改变财产的物理位置方式，从而使管理人不能有效控制、接管债务人财产的行为。

2. 虚构债务或者承认不真实的债务的行为。虚构债务的行为是指为了弥补转移或侵吞债务人财产的亏空，债务人申报债务时，将尚未发生的债务进行申报的行为。承认不真实债务的行为是指债务人为实现使个别债权人获得更多清偿利益或者掩盖其真实财务状况的目的，对债权人虚构申报的债务予以承认的行为。

无效行为在性质上属于欺诈行为，管理人可以通过人民法院行使撤销权，当人民法院撤销债务人行为后，该行为自始无效。如果管理人未对可撤销行为行使撤销权的，该行为为有效行为。

六、法律法规依据

1.《企业破产法》第二条第一款 企业法人不能清偿到期债务，并且资产不足以清偿全部债务或者明显缺乏清偿能力的，依照本法规定清理债务。

2.《企业破产法》第二十五条 管理人履行下列职责：
（一）接管债务人的财产、印章和账簿、文书等资料；
（二）调查债务人财产状况，制作财产状况报告；
（三）决定债务人的内部管理事务；
（四）决定债务人的日常开支和其他必要开支；
（五）在第一次债权人会议召开之前，决定继续或者停止债务人的营业；
（六）管理和处分债务人的财产；
（七）代表债务人参加诉讼、仲裁或者其他法律程序；
（八）提议召开债权人会议；
（九）人民法院认为管理人应当履行的其他职责。
本未能对管理人的职责另有规定的，适用其规定。

3.《企业破产法》第三十二条 人民法院受理破产申请前六个月内，债务人有本法第二条第一款规定的情形，仍对个别债权人进行清偿的，管理人有权请求人民法院予以撤销。但是，个别清偿使债务人财产受益的除外。

4.《企业破产法》第三十三条 涉及债务人财产的下列行为无效：
（一）为逃避债务而隐匿、转移财产的；
（二）虚构债务或者承认不真实的债务。

5.《企业破产法》第三十四条 因本法第三十一条、第三十二条或者第三十三条规定的行为而取得的债务人的财产，管理人有权追回。

6.《最高人民法院关于适用〈中华人民共和国企业破产法〉若干问题的规定（一）》第一条第一款 债务人不能清偿到期债务并且具有下列情形之一的，人民法院应当认定其具备破产原因：
（一）资产不足以清偿全部债务；

（二）明显缺乏清偿能力。

7.《最高人民法院关于适用〈中华人民共和国企业破产法〉若干问题的规定（一）》第二条　下列情形同时存在的，人民法院应当认定债务人不能清偿到期债务：

（一）债权债务关系依法成立；

（二）债务履行期限已经届满；

（三）债务人未完全清偿债务。

8.《最高人民法院关于适用〈中华人民共和国企业破产法〉若干问题的规定（一）》第三条　债务人的资产负债表，或者审计报告、资产评估报告等显示其全部资产不足以偿付全部负债的，人民法院应当认定债务人资产不足以清偿全部债务，但有相反证据足以证明债务人资产能够偿付全部负债的除外。

9.《最高人民法院关于适用〈中华人民共和国企业破产法〉若干问题的规定（一）》第四条　债务人账面资产虽大于负债，但存在下列情形之一的，人民法院应当认定其明显缺乏清偿能力：

（一）因资金严重不足或者财产不能变现等原因，无法清偿债务；

（二）法定代表人下落不明且无其他人员负责管理财产，无法清偿债务；

（三）经人民法院强制执行，无法清偿债务；

（四）长期亏损且经营扭亏困难，无法清偿债务；

（五）导致债务人丧失清偿能力的其他情形。

10.《最高人民法院关于适用〈中华人民共和国企业破产法〉若干问题的规定（二）》第九条　管理人依据企业破产法第三十一条和第三十二条的规定提起诉讼，请求撤销涉及债务人财产的相关行为并由相对人返还债务人财产的，人民法院应予支持。

管理人因过错未依法行使撤销权导致债务人财产不当减损，债权人提起诉讼主张管理人对其损失承担相应赔偿责任的，人民法院应予支持。

11.《最高人民法院关于适用〈中华人民共和国企业破产法〉若干问题的规定（二）》第十条　债务人经过行政清理程序转入破产程序的，企业破产法第三十一条和第三十二条规定的可撤销行为的起算点，为行政监管机构作出撤销之日。

债务人经过强制清算程序转入破产程序的，企业破产法第三十一条和第三十二条规定的可撤销行为的起算点，为人民法院裁定受理强制清算申请之日。

12.《最高人民法院关于适用〈中华人民共和国企业破产法〉若干问题的规定（二）》第十四条　债务人对以自有财产设定担保物权的债权进行的个别

清偿，管理人依据企业破产法第三十二条的规定请求撤销的，人民法院不予支持。但是，债务清偿时担保财产的价值低于债权额的除外。

13.《最高人民法院关于适用〈中华人民共和国企业破产法〉若干问题的规定（二）》第十五条　债务人经诉讼、仲裁、执行程序对债权人进行的个别清偿，管理人依据企业破产法第三十二条的规定请求撤销的，人民法院不予支持。但是，债务人与债权人恶意串通损害其他债权人利益的除外。

14.《最高人民法院关于适用〈中华人民共和国企业破产法〉若干问题的规定（二）》第十六条　债务人对债权人进行的以下个别清偿，管理人依据企业破产法第三十二条的规定请求撤销的，人民法院不予支持：

（一）债务人为维系基本生产需要而支付水费、电费等的；

（二）债务人支付劳动报酬、人身损害赔偿金的；

（三）使债务人财产受益的其他个别清偿。

15.《最高人民法院关于适用〈中华人民共和国企业破产法〉若干问题的规定（二）》第十七条　管理人依据企业破产法第三十三条的规定提起诉讼，主张被隐匿、转移财产的实际占有人返还债务人财产，或者主张债务人虚构债务或者承认不真实债务的行为无效并返还债务人财产的，人民法院应予支持。

案由 追收未缴出资纠纷执行异议之诉

张某甲与峨眉山市某行不锈钢构技术开发有限公司执行异议之诉纠纷案

饶全标[*]

一、案情简介

2008年,张某甲与刘某园共同出资创立了泉州市某凡钢结构工程有限公司(以下简称"某凡公司")。2011年,刘某园将其持有的全部某凡公司股权转让给了谭某福和张某甲,并修改公司章程确定股东变为谭某福和张某甲。2012年,某凡公司变更注册资本为360万元。经泉州某华联合会计师事务所审验,谭某福认缴144万元、张某甲认缴216万元,累计注册资本360万元,实收资本360万元。2014年7月2日,某凡公司再次变更注册资本为5000万元,修正公司章程为谭某福认缴2000万元、张某甲认缴3000万元,于2028年4月17日前缴足。2017年5月17日,张某甲与张某群签订股权转让协议,约定张某甲将其持有的某凡公司60%的股权(认缴出资额为3000万元)以216万元的价格转让给张某群,张某群在协议签订之日起30日内,将转让费216万元一次性支付张某甲;张某群承认某凡公司章程并保证按章程规定履行股东的权利、义务和责任。同年5月22日,某凡公司办理了企业变更登记,变更股东张某甲为张某群。2019年7月19日,某凡公司再次办理企业变更登记,法定代表人由谭某福变更为向某分,股东由张某群、谭某福变更为张某

---

[*] 饶全标(1992年5月—),男,四川精伦律师事务所专职律师。

群、向某分。

2014年12月起，某凡公司因承揽安装钢结构工程，在峨眉山市某行不锈钢构技术开发有限公司（以下简称"某行公司"）处采购钢结构材料。2015年，双方经结算确认某凡公司欠某行工资货款2 457 170元，某凡公司逾期未偿还；2016年，某行公司提起诉讼，四川省峨眉山市人民法院作出××号民事判决，某凡公司应当向某行公司支付货款2 457 170元及逾期违约金。

2017年6月15日，某行公司依据生效的××号民事判决书申请执行，扣除执行费后共执行货款本金325 150元，无其他可供执行财产，终结本次执行程序。2018年7月6日，某行公司再次申请执行，峨眉法院穷尽措施未能查找到可供执行财产，某行公司也不能提供可供执行财产线索，某行公司申请撤回执行申请后，终结此案件的执行。

2019年9月10日，峨眉法院作出××号民事裁定书，追加张某群、张某甲、谭某福为被执行人，对某凡公司债务承担偿还责任。张某甲不服，提起执行异议之诉。

二、法院判决

四川省峨眉山市人民法院于2019年10月31日作出××号民事判决，驳回张某甲的诉讼请求。

一审判决后，张某甲不服提起上诉。四川省乐山市中级人民法院于2020年作出××号民事判决，撤销四川省峨眉山市人民法院××号民事判决；四川省峨眉山市人民法院不得追加张某甲为××号民事判决确定债务的被执行人。

二审判决后，某行公司不服提起再审申请，四川省高级人民法院于2020年4月30日作出××号民事裁定，驳回再审申请。

三、判决理由

司法程序中，应严格按照法律、司法解释的相关规定追加被执行人。首先，可以追加的依据是《最高人民法院关于民事执行中变更、追加当事人若干问题的规定》第十九条的规定，"未依法履行出资义务转让股权的原股东，可以被追加为被执行人"；《最高人民法院关于适用〈中华人民共和国公司法〉若干问题的规定（三）》第十八条第一款的规定，"未履行或者未全面履行出资义务转让股权的原股东，应当在未出资本息范围内对公司债务不能清偿的部分承担补充赔偿责任";但是,依据《公司法》相关规定,股东享有出资的期限利益,股东认缴的出资额可以分期缴纳。因此,出资期限届满时未缴纳或未足额缴纳出资,股东在出资期限届满前转让股权的,不属于上述"未依法履行出资义务""未履行或者未全面履行出资义务"规定的应当追加为被执行人或应当承担补充赔偿责任的情形。

张某甲转让股权时,其认缴出资的期限尚未届满,张某甲未缴纳增加的认缴出资额并未违反法律和公司章程的规定;其转让股权后,对公司的所有权利、义务均已概括转移至新股东张某群。虽然,根据查明的事实,某凡公司已具备破产原因,债权人和某凡公司又不申请破产,股东出资应当加速到期;但加速到期的责任应当仅限于现股东,已经转让股权的张某甲,不再对某凡公司未清偿的债务承担责任。

四、案例解析

本案争议焦点是公司财产不足以清偿公司债务时,公司债权人能否追加未届出资期限转让股权的原股东为被执行人。在认缴资本制度实施以来,公司股东具有了期限利益,企业也减轻了资金压力[①];但同时,股东期限利益以及债权人利益之间的博弈日益激烈,特别是未出资期限转让股权行为的定性和责任承担,还没有明确的法律规定,法学理论和司法实践也至今未能形成定论,主要存在两种观点。

支持追加未届出资期限转让股权的原股东为被执行人的一方,主要观点是依据《最高人民法院关于适用〈中华人民共和国公司法〉若干问题的规定(三)》第十三条、第十八条,《最高人民法院关于民事执行中变更、追加当事人若干问题的规定》第十七条,以及《全国法院民商事审判工作会议纪要》第六条,认为股东在公司财产不足以清偿公司债务时,公司股东对公司债权人具有补充清偿责任,未履行或者未全面履行出资义务即转让股权的股东,也无法免除该责任,知道或者应当知道上述情形的继受股东,还应一并承担连带责任,一审法院主要也是根据此观点得出的结论。

不支持追加未届出资期限转让股权的原股东为被执行人一方的观点是认为

---

① 参见高军《未足额出资股权转让之后续出资义务制度安排——以有限责任公司为中心》,华东政法大学硕士学位论文,2008年。

股权转让后，从资产信用为准原则出发，债权人不能向原股东主张权利。[①] 在出资期限届满前，转让股权的原股东并无出资瑕疵，股权转让事实通过登记公示，债权人应当知晓，因此，债权人不能主张原股东承担责任。

五、律师建议

司法实践中，对于该问题尚未统一裁判规则，也有研究者认为需要根据股权转让与债权形成的时间先后，形成在前的债权人可以请求转让在后的原股东承担责任的观点。[②] 笔者认为，加速到期责任不能及于未届出资期限转让股权的原股东，《全国法院民商事审判工作会议纪要》虽然支持了股东出资加速到期。但是对于未届出资期限转让股权，自原股东转让股权、变更公司登记时起，原股东对于公司的权利义务便已概况转移至现股东，其不再对公司负有出资义务，加速到期的责任也只能及于现股东，而不能及于原股东。因此，笔者建议在交易中，要重点关注目标公司股东是否未实际出资而转让股权，从而在转让完成前及时要求原股东或转让完成后要求现股东承担加速到期责任。

具体到本案中，某凡公司已不能清偿到期债务，且人民法院穷尽执行措施，某凡公司仍无财产可供执行，在某凡公司及其债权人某行公司均不申请某凡公司破产的情况下，可以对某凡公司股东出资义务加速到期。但是自张某甲将某凡公司的股权转让给张某群开始，原股东张某甲对某凡公司的出资义务亦转让给了继受股东张某群，加速到期责任只能及于张某群而不能及于张某甲。

综上，张某甲对某行公司不具有补充赔偿责任，某行公司不能追加张某甲为被执行人。

六、法律法规依据

1.《最高人民法院关于适用〈中华人民共和国公司法〉若干问题的规定（三）》第十八条 有限责任公司的股东未履行或者未全面履行出资义务即转让股权，受让人对此知道或者应当知道，公司请求该股东履行出资义务、受让人对此承担连带责任的，人民法院应予支持；公司债权人依照本规定第十三条第

---

① 宋玲玲：《未实缴出资股东的股权转让问题》，《法制博览》2019年第25期，第2页。
② 吴丹：《认缴制下股东未实缴出资的股权转让问题研究》，《中外交流》2017年第34期，第22页。

二款向该股东提起诉讼，同时请求前述受让人对此承担连带责任的，人民法院应予支持。

受让人根据前款规定承担责任后，向该未履行或者未全面履行出资义务的股东追偿的，人民法院应予支持。但是，当事人另有约定的除外。

2.《最高人民法院关于民事执行中变更、追加当事人若干问题的规定》第十九条　作为被执行人的公司，财产不足以清偿生效法律文书确定的债务，其股东未依法履行出资义务即转让股权，申请执行人申请变更、追加该原股东或依公司法规定对该出资承担连带责任的发起人为被执行人，在未依法出资的范围内承担责任的，人民法院应予支持。

案由 追收抽逃出资纠纷

某丰资产管理有限公司与某丰资产控股股份有限公司、文某琼、高某志、朱某华等人追收抽逃出资纠纷案

杨 婷[*]

一、案情简介

原告某丰资产管理有限公司（以下简称"某丰资产公司"）成立于2012年11月5日，注册资本为1亿元，法定代表人为文某琼。某丰资产公司章程中对各股东的出资约定如下：某丰资产控股股份有限公司（以下简称"某丰控股"）出资3500万元、文某琼出资1600万元、曹某出资500万元、代某林出资400万元、张某杰出资400万元、尹某会出资300万元、余某出资300万元、邹某成出资300万元、杨某长出资300万元、高某志出资300万元、高某昌出资300万元、付某单出资200万元、朱某木出资200万元、朱某华出资200万元、张某出资200万元、林某明出资200万元、杨某出资200万元、洪某辉出资300万元、周某出资100万元、蒋某君出资200万元。

2012年10月31日，四川天某会计师事务所出具了川天某会司验字〔2012〕第10—110号验资报告，载明：截至2012年10月25日，某丰资产公司收到股东缴纳第一期资本8700万元，其中代某林未履行其出资义务。2012年12月25日，四川天某会计师事务所出具了川天某会司验字〔2012〕第12—138号验资报告，载明：截至2012年12月3日，某丰资产公司收到股东缴纳第二期资本900万元，共计实收资本9600万元，其中股东代某林未履行400

---

[*] 杨婷（1994年7月— ），女，四川精伦律师事务所专职律师。

万元的出资义务。

公司设立后，某丰公司于2015年11月28日召开了第六次股东会，决议通过《确定清算组组长、成员的议案》和《公司解散议案》。《确定清算组组长、成员的议案》内容为解散某丰公司并成立清算组，选举文某琼为清算组组长，付某单为副组长，徐某、王某林、罗某、周某斌为清算组成员。《公司解散议案》内容为：（1）同意公司解散，进行清算，公司成立清算组，并确定组长、成员人选；（2）同意将上述决定登报公告公司解散情况及告知公司债权债务人；（3）各股东根据股权比例按公司资产减去负债后的净资产分配公司资产；（4）同意公司向各股东在公司净资产相应股权比例范围内进行借款。

后某丰控股、文某琼等十九名股东分别向某丰资产公司出具了《借款收据》，借款期限和借款金额均载明：借款期限3个月，自第一笔转款支付之日起计算，以股东在某丰资产公司股本金净值留存3%后为借款金额。某丰资产公司通过银行转账的方式向上述十九名股东支付款项，备注为"借款"或"第二次退股本金"。其中十六名股东还签署了《股本金支付明细及金额》，确认自己收到的款项，其中，被告股东高某志分别于2015年11月30日收到10万元，于2016年1月20日收到118.8万元，共计218.8万元；被告股东朱某华于2015年11月30日收到66.7万元，于2017年3月30日收到79.2万元，共计145.9万元。

2017年4月18日，某丰资产公司以短信形式通知公司股东尽快完成"股本金退还"，并在短信中载明截至2017年4月18日已完成股本金退还的股东包括：某丰控股、文某琼、杨某、余某、高某志、张某杰、周某、朱某华、蒋某君、尹某会、洪某辉、朱某木、杨某；尚未完成股本金剩余部分手续办理及转款的股东包括高某昌、付某单、张某、曹某、邹某成、林某明。

因曹某、林某明以清算组怠于履行清算义务为由，向法院申请强制清算，2018年8月7日，成都市中级人民法院作出了××号民事裁定书，针对曹安、林某明申请强制清算某丰资产公司一案，指令成都市金牛区人民法院受理某丰资产公司的强制清算申请。成都市金牛区人民法院于2018年10月8日作出××号民事裁定，受理了某丰资产公司的强制清算申请。

2018年1月5日，成都市金牛区人民法院指定北京某某（成都）律师事务所组成清算组。清算组委托四川某某（集团）会计师事务所对某丰资产公司截至2019年7月15日的资产负债情况进行审计，2019年9月20日，该会计师事务所出具了川某某专〔2019〕592号审计报告，其中第八部分"其他重要事项"说明：根据2015年11月28日召开的股东会决议，公司股东以借款的形式向公司预先退还了部分股本金（除曹某和林某明的退还金额占实际出资额的比例约为 33.35% 外，其他股东的退还金额占实际出资额的比例约为 72.9%）。

后北京某某（成都）律师事务所作为清算组，以某丰资产公司的名义起诉了十九名股东，以股东抽逃出资为由诉请公司股东返还出资款，并要求各发起人以及清算组成员对各股东出资款的返还承担连带责任。

本案争议的焦点为：在某丰资产公司自行清算阶段，股东会决议公司以借款形式向各股东退还股本金的行为是否构成抽逃出资。

二、法院判决

驳回某丰资产公司全部诉讼请求。

三、判决理由

首先，在 2015 年 11 月 28 日，某丰资产公司的股东会决议通过了解散公司和组建由股东组成的清算组等两项内容，清算组按照决议内容向股东退还了股本金，依照《最高人民法院关于适用〈中华人民共和国公司法〉若干问题的规定（二）》第十五条第一款"公司自行清算的，清算方案应当报股东会或者股东大会决议确认人民法院组织清算的，清算方案应当报人民法院确认。未经确认的清算方案，清算组不得执行"的规定，清算组执行了股东会决议，符合形式要件。但根据《公司法》（2018 年修订，本案例下同）第一百八十六条之规定，清算组在未履行法定程序前，不得向股东分配公司资产，而某丰资产公司在自行清算期间，在未完成履行法定程序前，仍以借款形式向股东返还股本金，不符合上述规定，的确存在程序瑕疵。

对外而言，《公司法》保护交易安全，以公示的登记信息为优先。对内而言，《公司法》保护股东权益，应以股东之间的真实意思表示为优先。上述法条的目的在于贯彻《公司法》的资本维持原则，资本维持原则在于确保公司的实际资产维持与工商登记的注册资金一致，保护公司债权人的利益以及维持第三人与公司之间的交易安全，以严格的清算程序来保证清算结果的公正。但在公司自行决议进入清算程序后，公司已不再继续开展经营活动，公司清算组应对公司清资核产，确保公司在分配资产前，有足够的清偿能力来保证不损害公司债权人的利益，根据目前查明的事实，在自行清算期间，某丰资产公司的债务没有超过其资产,某丰资产公司以借款形式向股东返还股本金的行为没有损害任何债权人的利益,该行为系全体股东达成的一致协议的结果,代表了公司股东会的真实意思表示,上述程序瑕疵并未影响清算结果。

其次,关于抽逃出资的构成要件,根据《最高人民法院关于适用〈中华人民共和国公司法〉若干问题的规定(三)》第十二条规定:"公司成立后,公司、股东或者公司债权人以及相关股东的行为符合下列情形之一且损害公司权益为由,请求认定该股东抽逃出资的,人民法院应予支持:(一)制作虚假财务会计报表虚增利润进行分配;(二)通过虚构债权债务关系将其出资转出;(三)利用关联交易将出资转出;(四)其他未经法定程序将出资抽回的行为。"只有符合上述法律规定,才构成抽逃出资。法院已经认定十九名股东收到系股本金而非借款,双方虚构了借款关系,而关键在于认定某丰资产公司各股东的行为是否损害了公司权益,目前某丰资产公司进入清算阶段,保障公司权益即保障公司不遭受非法损失,而根据审计报告,目前某丰资产公司的净资产足以清偿某丰资产公司的债务,某丰资产公司有足够的清偿能力,截至庭审结束时,原告未举证证明还存在之前未查证的债务存在,公司无其他债权人向公司主张任何债权,故就某丰资产公司目前的清偿能力而言,原告并未举证证明退还股本金损害公司其他何种权益。况且,仅仅是因上述程序瑕疵,而重新将已经分配的资产再收回,在股东将所收取的股本金向清算组退还后,清算组仍会再根据股权比例向股东分配公司财产,此举画蛇添足,徒增不必要的交易成本,有违实体公正。综上所述,原告的诉讼请求,于法无据,应予驳回。

四、案例解析

本案中,若从案件事实表象来看,股东在公司清算注销前即以借款的名义返还部分股本金,根据《公司法》第一百八十六条、《最高人民法院关于适用〈中华人民共和国公司法〉若干问题的规定(三)》第十二条、第十四条等相关法律规定的表意,各被告在公司进入清算程序,对外未全部清偿完毕债务的情况下即向公司的借款行为符合股东抽逃出资的形式。

但究其案件事实本质以及法律条文背后的法理可知:首先,对于预退还股本金的行为系公司股东达成一致的行为;其次,抽逃出资的立法目的系维护公司以及债权人的利益,本案中某丰公司不论是在退还股本金时,或是在公司进入强制清算时,预留的净资产均足以覆盖债务,未损害公司或其他任何债权人的利益;最后,根据对公司强制清算注销的程序,若该案判决先由股东返还预退还股本金，后续在强制清算的过程中，清算完毕后仍会按照股权比例向股东分配公司财产，此举完全是画蛇添足。综上，最终本案以驳回某丰资产公司的全部诉请，极大地维护了各股东以及当事人的权益。

五、律师建议

在代理本案的过程中，最引人深思以及值得讨论的是，北京某某（成都）律师事务所作为清算组是否滥用司法资源，在各个股东均达成股东会决议按照比例退还股本金的情形下，清算组却以某丰资产公司的名义，起诉各个股东追收"抽逃出资"，清算组作为清算公司的执行机构，违背公司各个股东的意愿，起诉要求返还抽逃出资，且需各发起人之间承担连带责任，因本案案件标的额较大，导致某丰资产公司需要承担大额的诉讼费，极大地增加了公司的成本。

清算组作为一家律师事务所，同为法律工作者，在清算的过程中，应当考虑各股东的意愿以及与股东开会形成决议，了解案件事实，梳理法条背后的法理，分析法条背后所欲保护的法益以及立法根本目的以最大程度维护当事人的权益，减少诉累，定纷止争。

根据本所律师的了解，后续各股东也与强制清算案件的承办法官积极联系，拟更换清算组，本案的诉讼费后续是否将由清算组承担赔偿责任，暂不得而知。

六、法律法规依据

1.《公司法》（2018年修订）第一百八十六条 清算组在清理公司财产、编制资产负债表和财产清单后，应当制定清算方案，并报股东会、股东大会或者人民法院确认。

公司财产在分别支付清算费用、职工的工资、社会保险费用和法定补偿金，缴纳所欠税款，清偿公司债务后的剩余财产，有限责任公司按照股东的出资比例分配，股份有限公司按照股东持有的股份比例分配。

清算期间，公司存续，但不得开展与清算无关的经营活动。公司财产在未依照前款规定清偿前，不得分配给股东。

2.《公司法》（2023年修订）第二百三十六条 清算组在清理公司财产、编制资产负债表和财产清单后，应当制订清算方案，并报股东会或者人民法院确认。

公司财产在分别支付清算费用、职工的工资、社会保险费用和法定补偿金，缴纳所欠税款，清偿公司债务后的剩余财产，有限责任公司按照股东的出资比例分配，股份有限公司按照股东持有的股份比例分配。

清算期间，公司存续，但不得开展与清算无关的经营活动。公司财产在未依照前款规定清偿前，不得分配给股东。

3.《最高人民法院关于适用〈中华人民共和国公司法〉若干问题的规定（二）》（2014 修正）第十五条 公司自行清算的，清算方案应当报股东会或者股东大会决议确认；人民法院组织清算的，清算方案应当报人民法院确认。未经确认的清算方案，清算组不得执行。

执行未经确认的清算方案给公司或者债权人造成损失，公司、股东或者债权人主张清算组成员承担赔偿责任的，人民法院应依法予以支持。

4.《最高人民法院关于适用〈中华人民共和国公司法〉若干问题的规定（二）》（2020 修正）第十五条 公司自行清算的，清算方案应当报股东会或者股东大会决议确认；人民法院组织清算的，清算方案应当报人民法院确认。未经确认的清算方案，清算组不得执行。

执行未经确认的清算方案给公司或者债权人造成损失，公司、股东、董事、公司其他利害关系人或者债权人主张清算组成员承担赔偿责任的，人民法院应依法予以支持。

5.《最高人民法院关于适用〈中华人民共和国公司法〉若干问题的规定（三）》（2020 修正）第十二条 公司成立后，公司、股东或者公司债权人以相关股东的行为符合下列情形之一且损害公司权益为由，请求认定该股东抽逃出资的，人民法院应予支持：

（一）制作虚假财务会计报表虚增利润进行分配；

（二）通过虚构债权债务关系将其出资转出；

（三）利用关联交易将出资转出；

（四）其他未经法定程序将出资抽回的行为。

6.《最高人民法院关于适用〈中华人民共和国公司法〉若干问题的规定（三）》（2020 修正）第十四条 股东抽逃出资，公司或者其他股东请求其向公司返还出资本息、协助抽逃出资的其他股东、董事、高级管理人员或者实际控制人对此承担连带责任的，人民法院应予支持。

公司债权人请求抽逃出资的股东在抽逃出资本息范围内对公司债务不能清偿的部分承担补充赔偿责任、协助抽逃出资的其他股东、董事、高级管理人员或者实际控制人对此承担连带责任的，人民法院应予支持；抽逃出资的股东已经承担上述责任，其他债权人提出相同请求的，人民法院不予支持。